K반도체 쇼크, 이미 시작된 미래

K반도체 쇼크
이미 시작된 미래

반도체 최악의 위기에 대응하는 7가지 시나리오

SEVEN SCENARIOS FOR K-SEMICONDUCTOR

최윤식 지음

INFLUENTIAL
인 플 루 엔 셜

완벽한 예측은 없고, 불가능한 미래도 없다

세계는 전례 없는 속도로 전진하며 곳곳에서 크게 변화하고 있다. 이제 '4차 산업혁명'은 더 이상 단순한 유행어에 그치지 않고 기술 중심의 근본적 전환을 가져왔으며 이 전환의 핵심에는 반도체가 있다. 이 미세한 칩은 거대한 잠재력으로 세상의 흐름을 주도하며, 현대 산업의 축을 이루고, 국가 간의 경쟁에서도 결정적인 역할을 맡는다. 반도체로 능력을 극대화하는 국가와 기업이 미래의 지향점을 결정하는 주체가 될 것이라는 사실은 더 이상 예측이 아닌 현실이다.

눈앞에 펼쳐지는 미래의 전경을 상상해보라. 전기차와 자율주행 자동차는 우리의 이동 방식을 변화시키고, 인공지능은 우리의 일상을 재구성하며, 바이오와 나노 기술은 인간의 건강과 수명을 재정의할 것이다. 그리고 우주산업은 지구의 한계를 넘어서 인류의 가능성을 무한히 확장한다. 이러한 기술적 혁명의 중심에 반도체가 자리한 것이다.

20세기 석유가 그랬던 것처럼, 반도체는 세계의 두 슈퍼파워, 미국과 중국의 힘겨루기 속에서 미래 패권을 두고 벌어지는 전략적 체스판의 핵심 말이 되었다. 무기 시스템과 정보 수집 등 군사력에서의 승패도 좌우한다. 이처럼 무시할 수 없는 가치를 지닌 반도체는 단순한 경제적 요소를 넘어선 국방의 핵심이며, 국가의 안보 전략을 결정하는 주요 변수가 되었다. 또한 국가의 운명, 그리고 세계 지배의 권력 균형을 결정하는 중심축이기도 하다.

국가의 보호막인 반도체 기술 없이 대한민국은 단순한 사냥감에 불과하다. 이는 먼 미래가 아니라 우리가 지금 살아가고 있는 현실이다. 이러한 중요성을 알고 있음에도 시시각각 변화하는 정치·경제 상황 속에서 반도체 산업의 미래 경로와 승자를 예측하고 이에 대비하는 것은 마치 가로등 아래 미지의 그림자를 짐작하는 일과 같이 쉽지 않다.

반도체에 관한 논의에서는 당연히 기술 경쟁이 주요한 주제다. 하지만 '반도체 산업'이라는 범위로 확장한다면 기술 경쟁만 고려하는 것은 너무 협소한 시각이다. 경제적 가치라는 표현도 부족하다. 기술 경쟁과 경제적 가치 이면에는 더 광범위하고 복잡한 무대가 있다. 한국 기업은 메모리 반도체 분야에서는 세계 최고의 기술과 생산력을 자랑하지만 여전히 충분하지 않다. 글로벌 산업 전쟁에서 기술 격차는 게임 출전 자격 정도의 기본 역량이다. 시장의 난이도를 높이는 것은 환경의 변화, 특히 뜻밖의 변화다. 지정학적인 환경 변화, 미래산업의 도래 속도, 시장 상황의 변화, 소비자들의 삶의 방식이나 의식의 변화 등이 복잡성과 난이도를 높인다.

세계 반도체 산업의 판도는 다시 한번 급변하고 있다. 일본 정부의 대대적인 지원과 투자가 아시아 태평양 지역의 반도체 생산 및 공급망 구조에 역사적인 변화를 예고하면서, 한국 반도체 산업에도 직접적인 영향을 미치고 있다. 일본이 자국에 위치한 대만 TSMC의 반도체 공장과 자국 내 기업들에 거액의 보조금을 지원하겠다고 발표한 것은 단순한 경제적 움직임을 넘어서, 글로벌 반도체 산업의 지형을 다시 일본 중심으로 재편하겠다는 명확한 의지의 표현이다. 반도체 산업 생태계를 견고히 하고, 엔화 약세라는 경제적 상황을 활용하여 선도 기업 및 기술 개발에 집중하겠다는 의미다.

미국도 다르지 않다. 최근 인텔은 1.8나노 공정의 성공적인 양산 계획을 알렸고, 미국 정부도 반도체 지원법에 따라 인텔에 100억 달러 규모의 보조금 지원을 논의하면서 미국 기업이 파운드리 사업에서 선두 주자로 도약하도록 적극 지원할 계획임을 보여주었다. 미국과 일본의 자국 기업에 대한 대규모 지원책은 삼성전자와 같은 국내 기업에게는 명확한 위기 신호다. 하지만 이런 변화는 '드러난 위기'에 불과하다. 한국 반도체 산업을 최악의 상황으로 치닫게 할 잠재적 위기 역시 보이지 않게 다가오고 있기 때문이다. 우리가 반도체 최악의 위기에 대응하는 일곱 가지 시나리오를 찾아야 하는 이유다.

한국의 반도체 산업은 국가 경제에 있어 매우 중요한 역할을 담당하고 있다. 반도체는 수출 주력 상품으로 전체 수출액의 약 20퍼센트를 차지하며, 경상수지 흑자에 절대적 기여를 하고 있다. 또한 직접적인 고용뿐만 아니라 연구 개발, 제조, 판매 및 서비스 등 다양한 연관 산업에서의 간접 고용을 통해서도 국가 경제에 기여하는 바가 크다.

우리는 지난 2년 동안 반도체 산업이 흔들릴 때 어떤 일들이 일어나는지를 보았다. 변화가 가장 빠른 산업군답게 한순간이라도 방심하거나 한발이라도 삐긋하면 여지없이 후발 주자에게 역전당할 수 있다. 글로벌 반도체 전쟁의 현실 속에서, 한국의 반도체 기업들은 더 이상 낙관론을 기대해서는 안 된다.

삼성전자는 이미 세계 최초로 게이트올어라운드Gate All Aroud, GAA 기술을 3나노 공정에 적용함으로써 우리의 기술적 우위를 보여주었다. 하지만 지속가능한 경쟁우위를 갖추려면 또 다른 최악의 위기 가능성들을 생각하고, 사전에 대비 전략까지 철저하게 수립해둘 필요가 있다.

이 책에서는 반도체 기술과 산업에 영향을 미치는 정치, 경제, 환경, 그리고 전략적·지정학적 시나리오들을 다룰 것이다. 예를 들어 보자. 트럼프가 2024 미국 대통령 선거에서 재선에 성공한다면, 한국의 반도체 산업은 다시 불확실성에 직면하게 된다. 그는 독특하고 대담한 스타일의 정책 실행으로 유명하며, 재임 시절 미국의 경제적 이익을 극대화하려는 전략을 펼쳤다. 이를 고려하면 트럼프는 미국의 반도체 산업을 강화하기 위해 미국 기업에 노골적인 특혜를 부여할 가능성이 크다. 이러한 움직임은 미국 기업의 기술적 우위를 강화시켜 한국 기업들은 미국 진출로 인한 이익은커녕 더 큰 경쟁 압박을 느끼는 상황으로 내몰릴 것이다.

트럼프는 임기 동안 노동자와 중산층 블루칼라의 지지를 확고히 하기 위해 미국에 진출한 한국 반도체 공장에 무리한 요구와 압력을 가할 것이 분명하다. 한국 기업에 대한 기술 도용 주장이나 법적 제재의 위험도 예상할 수 있다. 심지어 법조문과 행정명령을 교묘하게 사용해 기술 탈취를 시도할 수도 있다. 또한 중국과의 기술 유출 문제를 구실로 고급 반도체 기술 수출에 영향력을 행사한다면 한국 기업은 미국의 최신 장비와 기술에 접근할 수 없게 된다.

트럼프 정부의 무역 정책은 예측하기 어렵다. 그는 경제적 동맹국에도 관세 인상 전략을 사용하기 때문에 한국의 반도체 제품에 높은 관세를 부과할 가능성도 배제할 수 없다. 만약 정부 차원에서 이에 강하게 항의한다면, 한국 반도체 제품에 대한 국제적인 보이콧을 촉구할 수도 있다. 그 결과는 글로벌 시장 점유율 하락으로 이어질 것이다.

억측이라고 생각하는가? 국제 정세에서 비상식적인 일은 우리의 생각보다 자주 발생한다. 2023년 10월 7일, 하마스는 이스라엘 남부를 공격했다. 이스라엘이 즉각 반격하며 중동은 순식간에 전쟁 분위기에 휩싸였다. 이와 비슷하게 대만이 갑작스럽게 전쟁의 불씨를 맞는다면 어떨까? 그 파장은 전 세계 반도체 시장에 거센 폭풍을 일으킬 것이다. 달러의 붕괴, 미국의 파산이 일어난다면? 이 사태는 경제 및 산업 지도를 완전히 뒤바꿀 수 있다. 거꾸로 미국과 중국이 한순간에 패권 전쟁과 무역 전쟁을 끝내고, 다시 한번 경제적 동맹을 맺는다면 어떤 일이 벌어질까? 현재 미중 패권 전쟁에 따라 전략을 짠 한국 반도체 산업에는 예상해본 적도 없는 일들이 일어날 것이다.

지구 환경의 변화는 그 어떤 산업보다 반도체 산업에 직접적인 영향을 미친다. 반도체는 미세한 차이에도 영향을 받는 정밀한 기술이다. 나날이 극심해지는 지구온난화를 비롯한 환경적 위기가 반도체 공정과 비용에 어떠한 영향을 미칠지는 아무도 예측할 수 없다. 백두산 화산 폭발로 인한 환경의 변화는 한국에 있는 반도체 공장에 재앙을 불러올 수 있다. 그리고 인공지능의 발전 등 새로운 기술 패러다임이 등장하면, 반도체 시장의 규칙은 언제든지 변화할 것이다.

이 책은 한국 반도체 산업이 고려해야 할 일곱 가지 시나리오를 중심으로 반도체 산업의 미래 방향을 탐색하며, 그 결과에 따른 대비책을 심도 있게 분석했다. 반도체 산업의 향방은 단순히 한 산업의 미래가 아니라, 국가와 기업, 그리고 우리 모두와 밀접하게 연결된 미래다.

글로벌 컨설팅 그룹인 맥킨지가 1,000건 이상의 경영 투자 결정을 조사한 결과, 조직의 의사결정 과정에서 나타나는 '편향偏向'을 줄이려는 노력만으로도 수익률이 7퍼센트 이상 증가했다고 한다.[1] 편향은 생각이 한쪽으로 치우친 현상을 가리킨다.

생각을 넘어 행동마저 공정성을 잃어버리면 '편파偏頗'가 된다. 우리는 편파의 위험성은 쉽게 인지하지만, 편향의 위험성은 간과한다. 편파는 조심하지만, 편향은 조심하지 않는다.

편향은 주로 경험만을 바탕으로 막연히 짐작하는 것에서 비롯된다. 이것은 뇌의 특성에서 기인한다. 인간의 뇌는 그 주제가 얼마나 쉽고 빨리 기억되느냐에 따라 중요성을 판단한다. 이것을 '회상 용이성availability'이라고 부른다. 기억이 떠오르는 속도는 개인적 경험과 언론의 노출에 따라 달라진다. 인간의 뇌는 어떤 사물이나 현상을 실제와 다르게 인지하는 '인지 착각cognitive illusion'에도 쉽게 빠진다. 시각만 착각을 일으키는 것이 아니다. 생각도 착각을 유발한다.

인간의 뇌는 '연상 기억associative memory'과 통계적 사고로 작동된다. 연상 기억은 하나의 사항 일부에서 전체 또는 다른 사항이 연상되는 것을 가리키는데, 반사적·무의식적인 사고이므로 생각의 속도가 매우 빠르다. 하지만 직관적으로 작동하기 때문에 자발적 통제가 어려워 충동에 휘말리기 쉽다는 단점이 있다. 반면 통계적 사고는 정보에 입각해서 결정을 내리는 것을 가리킨다. 유효한 결론을 도출하기 위해 정보를 수집·분석·해석하는 일련의 의식적이고 논리적인 사고 과정이다. 그렇기 때문에 생각하는 속도가 느리고 상당한 노력이 필요하다. 하지만 순서대로 신중하게 사고하기 때문에 고삐 풀린 충동과 연상 작용을 억제하는 장점이 있다.

회상 용이성과 연상 기억이 손을 잡으면 편향은 커진다. 인간은 자신이 틀린 상황에서도 자기의 생각이 옳을 것이라는 자신감을 가질 때가 많다. 이런 위험은 한 분야에 오래 머무를수록 커진다. 이런 사람은 통계적 사고마저 자신의 편향을 강화하는 쪽으로 사용한다. 이것을 '확증 편향確證偏向, confirmation bias'이라고 부른다. 인간의 뇌는 '내가 보고 생각하는 것이 옳다'는 자신감을 '내가 틀릴 수도 있다'는 경계감보다 우선시한다. 확증 편향 위험을 줄이려면, 다양한 관점을 접하고 여러 측면에서 상황을 바라보려는 노력이 필요하다. 이 책이 다양한 시나리오에 초점을 맞추는 이유다.

전문가의 정확한 판단은 지능에서 나오지 않는다. 편향을 최소화하는 장기 훈련과 다양한 시나리오를 근거로 숨은 신호를 찾는 철저함에서 나온다. 맥킨지의 연구처럼 누구나 편향에서 벗어나서 다양성을 확인하는 것만으로 더 나은 판단과 의사결정이 가능하다. 기업에서 이런 환경을 장려하는 것을 '시나리오 경영'이라고 부른다.

이 책이 나오기까지 많은 분이 수고하고 애써주셨다. 먼저 인플루엔셜 출판사에 감사한다. 반도체에 대한 새로운 접근을 받아들여주고, 독자들이 읽기 쉽게 편집 작업에 애써주셨다. 아시아미래인재연구소 연구원들, 사랑하는 부모님과 가족의 지원과 응원에 감사한다. 나의 미래 예측을 들어주는 독자들에게도 감사드린다. 부디 이 책이 독자 여러분이 반도체 산업의 미래를 생각할 때, 편향을 벗어나 다양한 통찰력을 얻는 데 도움이 되기를 희망한다.

'더 나은 미래'를 위해

전문 미래학자 최윤식 박사

차례

3장 한반도 최악의 위기, 코리아 디스카운트

4장 미국의 달러 패권이 흔들린다

5장 새로운 동맹이 시작된다

6장 반도체 시장의 중심이 바뀐다

7장 인공지능이 반도체 산업을 이끈다

● 일곱 번째 시나리오: 허물어진 기술 진입 장벽

1장

영원한 아군은 없다

트럼프의
한국 반도체 공격

2024년 11월 5일, 미국 47대 대통령으로 공화당 후보이자 45대 대통령이었던 도널드 트럼프가 당선된다. 트럼프는 이미 지난 임기에서 'America First'를 기조로 강력한 미국 우선주의 정책을 펼쳤다. 이것은 지금까지 미국이 표방해온 세계 경찰의 역할을 버리고 자국의 이익을 우선시하겠다는 선언이었다.

바이든 정부의 정책 중 자국에 이익이 될 것들만 남기고 그 외에는 새롭게 재편한 트럼프의 경제 정책은 세계 무역 질서에 큰 변화를 가져올 것이다. 트럼프는 재임 당시의 경제 성과를 제시하며 자신이 당선될 경우 경제 호황이 찾아올 것이라고 주장한다. 무역 보복과 자국 보호주의를 우선하는 경제 정책으로 인해 전 세계는 트럼프 포비아에 빠져 있다.

트럼프의 지난 임기에 이어 바이든 행정부까지 계속되고 있는 대중국 규제 기조는 트럼프의 재집권 시에 더욱 강력해질 것이고, 이에 중국은 경제 보복으로 맞설 것이다. 두 나라 사이에서 우리나라도 경제적 손해를 피하기 어렵다. 한국의 반도체 최대 수출국은 중국이지만, 미국은 계속해서 동맹을 강조하며 우리나라를 압박하고 있다. 이로 인해 중국 기업이 우리나라에서 수입하던 반도체를 자국 생산품으로 대체하면 한국 기업은 큰 타격을 입게 된다.

반도체 산업에 대해 우리는 한 가지 생각에만 치우쳐 있다. 미국이 반도체 산업에서 중국을 가장 큰 적으로 본다는 것이다. 틀린 말은 아니다. 하지만 미국 정부는 그보다 복잡한 다층적인 구조로 판단하고 있다. 트럼프가 재선에 성공하는 경우 우리가 명심해야 할 사실은 트럼프는 한국보다 일본과 더 가깝게 지내기를 원하며,

미국 기업의 입장에서 위협이 되는 것은 중국 기업이 아니라 한국 기업이라고 생각한다는 점이다. 그래서 트럼프는 한국의 반도체 경쟁력을 견제하기 위해 일본과 손잡는 것을 우선순위로 삼고 있다.

한국은 메모리 반도체 시장에서 압도적 우위를 보이는 중이지만 이런 위상에는 큰 함정이 있다. 한국의 반도체 시장 점유율 중 상당 부분이 '자국 기업 수요'라는 것이다. 그렇기 때문에 반도체를 사용하는 백색 가전, 컴퓨터, 스마트폰 등에서 한국의 산업 경쟁력이 추락할 경우, 자연히 반도체 산업도 동반 추락한다. 이미 중국은 러시아 및 일대일로 국가에서 백색 가전과 스마트폰 시장을 주도하고, 인도 역시 한국을 추월하기 시작했다. 인공지능 기술과 전기차 시장 경쟁이 뜨거워지면서, 빅테크 회사, 미래 자동차 회사, 인공지능 회사, 로봇 회사들이 반도체 분야에서 자립하려는 시도도 늘어나고 있다. 우리나라 반도체 산업이 더 이상 방심할 수 없는 이유다.

2024년 미국 대선에서 트럼프의 재선이라는 시나리오는 반드시 대비해야 할 미래다. '트럼프의 한국 반도체 공격 시나리오'는 웃어넘길 가벼운 예측이 아니다. 트럼프는 미국의 이익을 위해서라면 동맹국의 희생에 눈 하나 깜짝하지 않을 것이다.

반도체 산업의 미래는 밝다. 하지만 한국 반도체 산업은 언제 무너질지 모르는 유리 바닥 위를 걷고 있다.

뜻밖의 미래가 찾아온다

뜻밖의 미래는 생각보다 자주 일어난다. 2023년 10월 7일, 팔레스타인 무장단체 하마스Hamas가 이스라엘을 기습 공격했다. 첫 공습 20분간 하마스는 이스라엘에 로켓포 2,500발 이상을 발사하고, 곧이어 육해공 전반에 걸쳐 공격을 감행했다. 이날은 1973년 4차 중동전쟁 발발 50년이었던 10월 6일 다음 날이었다. 전 세계 언론은 일제히 이 공격을 5차 중동전쟁으로의 확전 위기라고 보도했다.[1]

뜻밖의 사태는 또 다른 뜻밖의 미래를 불러온다. 이스라엘-하마스 전쟁은 곧 치러질 미국 대선에 어떤 식으로든 영향을 미칠 것이다. 바이든에게는 악재고, 트럼프에게는 호재다. 하마스가 이스라엘을 공격한 날, 트럼프 전 미국 대통령은 아이오와주 워털루 유세에서 바이든 대통령이 중동에 대해 나약한 외교 정책을 펼쳤기 때문에 작금의 사태가 발생했다며 공격했다. 그다음 날에도 자신이 만든 소셜미디어 트루스소셜Truth Social에 "내가 대통령이었다면 이스라엘에 대한 끔찍한 공격은 우크라이나 공격과 마찬가지로 결코 일어나지 않았을 것이다."라는 글을 포스팅했다.[2]

2024년 11월 5일, 미국의 60번째 대통령 선거이자 47대 대통령을 선출하는 선거가 실시된다. 바이든과 트럼프, 둘 다 재선 도전이다. 바이든 대통령은 러시아-우크라이나 전쟁으로 정치적 시험대에 올라 있다. 이런 상황에서 일어난 이스라엘-하마스 전쟁은 그에게 악재일 수밖에 없다.

바이든 대통령에게는 악재가 두 가지 더 있다. 하나는 고령의 나이와 건강 문제다. 바이든 대통령은 1942년생으로 그가 재선에 성공한다면 미국 역사상 최고령 대통령이 된다. 나이만으로도 불안 요소인 셈이다. 다른 하나는 2023년 10월 9일, 미국 민주당 계열의 정치 명문가인 케네디 가문의 로버트 F. 케네디 주니어가 무소속 출마 선언을 했다는 점이다.[3] 케네디 주니어는 2023년 4월에 민주당 대선 후보 경선에 출마를 신청했다가 10월에 무소속 출마로 방향을 틀어서 선거판의 중요한 열쇠가 되고 있다. 케네디 주니어는 민주당계이므로 바이든의 지지층 일부가 이탈할 가능성이 매우 높다. 일각에서는 케네디 주니어가 정치적으로 보수 성향을 보이기 때문에 트럼프의 지지층 분열에도 영향을 미칠 것이라고 분석하지만, 케네디 가문이 전통적으로 폭넓은 민주당 지지층을 확보하고 있다는 점에서 바이든에게 훨씬 치명적이다.

제3의 후보가 선거판을 흔든 미국 대선은 이전에도 있었다. 당시 대통령이었던 조지 H. W. 부시는 1992년 11월 3일에 예정된 미국의 52번째 대통령 선거에 공화당 후보로 재출마했다. 이에 맞서 민주당에서는 아칸소주 주지사였던 빌 클린턴이 후보로 나왔다. 이때 사업가인 로스 페로가 무소속으로 출마해 대통령 선거판을 3자 구도로 바꾸었다.

페로는 텍사스주 출신의 사업가로, 공화당 소속인 부시와 지지층이 겹쳤다. 부시는 1988년에 치러진 직전 선거에서 득표율 53.4퍼센트, 전체 선거인단 중 426석을 거머쥐면서 득표율 45.7퍼센트, 선거인단 111석을 얻은 민주당의 마이클 두카키스 후보를 압도적으로 누르고 당선되었다(미국의 대선은 각 주별로 선거인단을 선출하는 1차 선거와 여기에서 선출된 선거인단이 대통령을 뽑는 2차 투표로 이루어진다. 1차 선거에서는 득표율이 0.1퍼센트라도 높은 정당이 그 주에 해당하는 모든 선거인단 표를 획득하는 승자 독식 구조를 취하므로, 득표율과 선거인단 득표 수가 비례하지 않을 수 있다). 하지만 재선 도전에 나선 1992년 선거에서는 무소속으로 출마한 페로가 그의 지지층 상당을 앗아가면서 참패했다.

1992년 11월 3일 대선 결과를 살펴보자. 무소속으로 출마한 페로는 선거인단은 단 한 석도 얻지 못했지만, 전체 득표율에서 18.9퍼센트를 획득하면서 돌풍을 일으켰다. 그 결과 페로와 지지층이 겹쳤던 부시는 득표율 37.5퍼센트, 선거인단 168석을 얻는 데 그쳤다. 직전 선거의 득표율에 비해 무려 16퍼센트포인트나 잠식당한 것이다. 반면 클린턴은 득표율 43.0퍼센트, 선거인단 370석을 얻으면서 직전 선거에서 민주당 후보 두카키스가 얻었던 45.7퍼센트에서 불과 2.7퍼센트포인트만 잃는 데 그쳤다.

정치전문매체 《폴리티코Politico》는 2024년 미 대선에서 케네디 주니어가 끝까지 완주할 경우 무소속 후보로서는 페로 후보 이후 가장 큰 지지를 받을 잠재력이 있다고 분석했다.[4] 2020년 11월 3일에 트럼프와 바이든이 맞붙은 미국 대통령 선거에서 두 후보의 득표율은 불과 4.4퍼센트포인트(트럼프 46.9%, 바이든 51.3%) 차이였다. 최근 미국 대통령 선거는 지지층이 확실하게 갈려서 득표율이 단 2~3퍼센트포인트만 반대로 움직여도 결과가 완전히 달라질 가능성이 높다. 이런 상황에서 최소 5퍼센트 이상의 득표율을 올릴 수 있는 무소속 후보가 대선판에 뛰어든 것은 '최대 변수'다.

케네디 주니어 후보가 대선까지 완주할지는 미지수다. 하지만 그렇게 된다면 상황은 바이든에게 더 불리하게 작용할 것이다. 2023년 10월, 하버드대학교 정치연구소CAPS와 여론조사기관 해리스폴이 공동으로 실시한 대선 설문조사 결과, 바이든(41%)은 트럼프(46%)와의 양자 대결에서 5퍼센트포인트 뒤처졌고, 케네디 후보(22%)가 합류한 삼자 대결에서는 바이든(36%)이 트럼프(42%)에게 6퍼센트포인트 뒤처진 것으로 나타났다.[5]

트럼프는 2024년 대통령 선거에서 승리할 수 있을까

트럼프에게 가장 강력한 악재는 사법 리스크일 것이라고 예상했다. 하지만 예상과 달리 이 변수는 트럼프에게 치명적이지 않았다. 2023년 6월, 트럼프가 잇달아 기소되자 언론들은 일제히 트럼프가 위기를 맞았다고 보도했다. 그런데 희한한 일이 벌어졌다. 트럼프가 기소될 때마다 바이든과의 지지율 격차가 더 벌어진 것이다. 글로벌 여론조사기관 모닝컨설트가 2023년 6월 27일 공개한 여론조사 결과에 따르면 트럼프는 44퍼센트, 바이든은 41퍼센트의 지지율을 기록했다. 모닝컨설트는 두 후보의 격차가 조사 이후 최대로 벌어졌다고 분석했다.[6]

트럼프의 지지율은 꾸준히 40퍼센트 수준을 유지하고 있다.[7] 즉, 트럼프가 어떤 리스크를 지든 40퍼센트의 콘크리트 지지층을 확보하고 있다는 의미다. 트럼프는 공화당 경선에서도 압도적인 지지를 받고 있다. 미국 경제나 국제적 위상이 흔들릴수록 트럼프에 대한 지지는 더욱 높아질 것이다. 특히 미국 보수층과 유대인 지지도가 달라질 것으로 예상된다. 트럼프는 과거 임기에 친이스라엘 정책을 펼쳤다. 2017년 12월 6일에는 '예루살렘 선언'을 발표하면서 예루살렘을 이스라엘의 정식 수도로 인정했다. 이 선언으로 유대인들은 트럼프에게 '제2의 고레스 Cyrus(기원전 6세기에 페르시아 제국을 건설한 키루스 2세를 의미)' 라는 찬사를 보냈다. 구약성경에 등장하는 '고레스'는 바빌론에 포로로 잡혀 있던 이스라엘 민족의 귀환을 허락하고 예루살렘 성전을 재건하는 것을 도와준 왕이다.

1980년 8월 20일, 유엔 안전보장이사회는 제478호 결의안을 통해 "이스라엘이 예루살렘을 '통일된 완전한' 수도로 선포한 것은 국제법 위반이며, 예루살렘을 이스라엘의 수도로 인정하지 않는다."라고 밝혔다. 그 후, 전 세계가 예루살렘을 이스라엘의 정식 수도로 인정하지 않게 되었다. 그러나 트럼프가 예루살렘 선언으로 이런 분위기를 한순간에 바꿔버림으로써 중동 외교의 흐름도 달라졌다. 미국은 사우디아라비아를 우군으로 끌어들였고, 이스라엘이 아랍에미리트, 바레인과 정식 외교 관계를 맺도록 '아브라함 협정Abraham Accords'이라는 평화 협정 체결을 중재했다. 대신 이란은 철저히 고립시켰다. 이런 정책 역시 미국 보수층과 유대인에게 지지를 받았다.

하지만 바이든 대통령은 이런 분위기를 또다시 180도 바꿔버렸다. 대통령 후보 시절부터 사우디아라비아의 왕세자 모하메드 빈 살만 알사우드가 반정부 언론인인 자말 카슈끄지를 암살한 사건 등 그의 인권 문제를 집요하게 추궁했고, 당선된 후에는 이란에 대한 제재를 풀어주고 포로 맞교환을 실시하며 이란과의 관계 회복에 심혈을 기울였다. 이런 정책 전환이 좋은 결과를 이끌어냈다면 큰 문제가 없었을 것이다. 하지만 이 일로 미국과 이스라엘은 묘한 갈등 관계로 전락했다. 우크라이나 전쟁으로 러시아와 급격히 가까워지면서 기가 살아난 이란은 무장단체 하마스와 헤즈볼라Hezbollah의 뒤를 든든히 봐주게 되었다.

미국 내 유대계 인구는 약 760만 명(2020년 기준)으로 미국 전체 인구의 2.4퍼센트를 차지하지만, 미국인 중에 유대계 표심은 득표율뿐 아니라 정치계의 선거 자금에도 막대한 영향을 끼친다. 지금껏 미국 대통령들이 친이스라엘 정책을 펼쳐온 이유다. 그러나 바이든이 동결된 이란의 원유 수출 대금을 해제함으로써 하마스의 이스라엘 공격 자금이 여기에서 충당되었을 거라는 의심을 받았다. 다시 재동결 조치가 취해졌지만, 이러한 바이든의 행보는 고물가에 시달리는 미국 중산층과 서민 유권자 들에게 유가 상승의 두려움마저 안겨주었다.

전통적으로 민주당을 지지해온 아랍계 미국인들의 표심도 흔들리고 있다. 2023년 말, 아랍아메리칸연구소AAI가 실시한 여론 조사에서 아랍계 미국인 유권자들의 바이든 대통령 지지율은 2020년 59퍼센트에서 2023년 17퍼센트로 3년 만에 급락했다. 미국은 군비 지출을 줄이기 위해 아프가니스탄 전쟁에서 발을 뺐지만, 외교 참사로 러시아-우크라이나와 이스라엘-하마스라는 두 개의 전쟁에 발목이 잡혀서 오히려 군비 지출이 더 늘어났다. 만약 미군이 이 전쟁을 빨리 끝내지 못하면 사면초가에 몰린 러시아가 기사회생하고, 중국의 대만 침공 가능성만 높아진다.

2023년 9월, 《워싱턴 포스트》와 ABC 방송이 1,006명의 유권자 대상으로 실시한 설문조사에서는 트럼프가 51퍼센트, 바이든이 42퍼센트의 지지율을 기록했다. 두 후보 사이의 격차는 같은 기관에서 진행한 2023년 2월 조사보다 두 배 이상(4%p에서 9%p)으로 벌어졌다. 《워싱턴포스트》와 ABC는 이 여론조사 결과는 다른 여론조사 결과들과 상충하는 부분이 있다고 평가하면서도 바이든의 지지율이 현재 매우 위험하다는 데는 동의했다.[8] 이런 상황에서 이란의 지지를 등에 업은 하마스가 이스라엘을 공격하는 참사가 일어난 것이다. 미국 기독교 보수층과 유대인은 참사의 책임이 바이든 행정부의 무능한 외교 정책에 있다고 생각할 가능성이 크다.

《워싱턴포스트》와 ABC의 여론조사에서 한 가지 더 눈여겨볼 부분이 있다. 경제 분야에서 바이든에 대한 긍정 평가가 30퍼센트에 불과한 것을 가장 위험한 요소로 꼽았다는 것이다. 전통적으로 미국의 중간선거는 '민생'이 중요한 변수였다. 대통령 선거는 어떨까? 이것은 현직 대통령에 대한 종합 평가이며, 경쟁하는 후보도 국내외 문제에 대한 종합적 역량을 평가받는다. 그런 측면에서 러시아-우크라이나 전쟁과 이스라엘-하마스 전쟁은 바이든에게 악재다. 그러나 미국 대통령 선거에서 국외 전쟁의 발발 여부가 당락을 결정지을 만큼 큰 영향을 미치지는 않을 것이다.

2024년 미국 대통령 선거의 결정적 변수, 경기침체

그렇다면 미국 대선의 향방을 결정짓는 가장 중요한 변수는 무엇일까? 그림 1-1의 그래프를 보자. 이 그래프는 1988년부터 2020년까지 미국 대통령 선거와 경제 상황을 비교 및 분석한 것으로 대통령 선거가 실시된 해를 빨간색 박스로 표시하고, 그 아래 당선된 대통령을 적어놓았다.

그래프에 표시한 대선 기간을 분석한 결과, 미국 대선 결과와 관련한 중요한 패턴 두 가지가 발견되었다.

1. 대선이 있는 해에 경기침체나 불황이 발생하면, 경제는 대선보다 경기침체에 더 강한 영향을 받는다.
2. 대선이 경기침체기, 혹은 경기침체기 직후에 실시되면 정권교체가 일어난다.

이 패턴을 분석해보면, 1988년부터 2020년까지 대선에 가장 큰 영향을 미친 변수는 '경기침체'였다. 대통령 임기 초반에 경기침체가 일어난다면 다음 선거에 영향을 미치지 않았다. 또한 기준금리나 인플레이션율이 아무리 높아도 경기침체나 불황으

그림 1-1 미국의 대선 결과와 경제 상황 관계 비교

```
─── 유효 연방 기금 금리        ─── 국내 총생산
─── 미국 근원소비자물가지수    ─── 실업률
```

1) 1988년, 1992년, 1996년

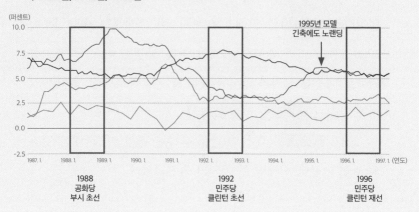

1988
공화당
부시 초선

1992
민주당
클린턴 초선

1996
민주당
클린턴 재선

2) 2000년, 2004년, 2008년

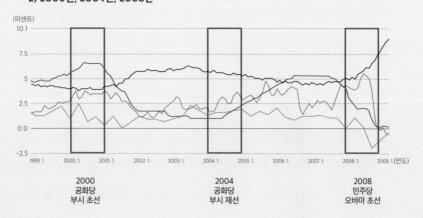

2000
공화당
부시 초선

2004
공화당
부시 재선

2008
민주당
오바마 초선

3) 2012년, 2016년

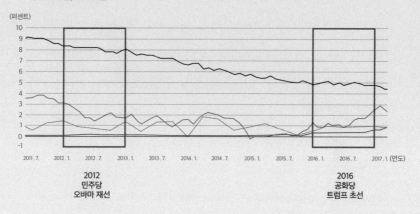

4) 2020년

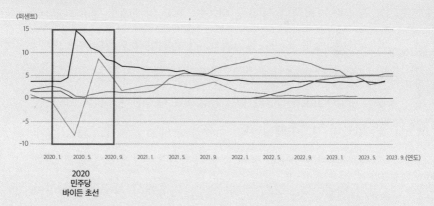

출처: FRB; BEA; BLS

로 이어지지 않는다면 현직 대통령이 재선에 성공하거나 정권이 유지되었다. 반면 현직 대통령의 임기 후반에 경기침체나 불황이 발생하면 재선에 실패하거나 정권이 교체되었다. 이유가 무엇일까?

미국 GDP의 대부분은 소비에 의존하고 있다. 이 말을 다르게 해석하면, 미국 유권자들은 소비 상황에 매우 민감하다는 뜻이다. 특히 중산층과 서민층의 경기 민감도는 매우 높다. 경기침체가 발생하면, 실업자가 속출하고 소비 지출이 둔화된다. 집값은 하락하고, 세입자들은 월세를 내지 못해 쫓겨나며, 당장 먹고살 걱정을 해야 한다. 중산층과 러스트 벨트rust belt(미국 북부의 오대호 인근의 제조업 공업지대였으나 지금은 제조업 사양화로 불황을 맞은 지역) 등 부동층 지역의 민심은 요동치고, 경제위기에 대한 책임 추궁도 극에 달한다. 그렇기 때문에 2024년 미국 경제가 경기침체나 불황에 빠지면 온갖 악재에도 불구하고 트럼프 전 대통령이 재선에 성공할 가능성이 매우 크다.

그렇다면 2024년에 미국 경제가 침체될 확률은 얼마나 될까? 개인적으로는 80퍼센트 이상으로 예측한다. 다음 그래프들은 미국이 경기침체에 빠진 상황을 분석한 것이다. 그림 1-2의 그래프를 보자. 미국 경제 호황기 및 경기침체나 불황에 대한 '장기 패턴'이다. 장기 추세에서는 '미국에서 기준금리 인상이

그림 1-2 미국 경제 호황기 장기 패턴

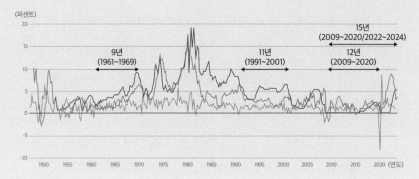

출처: FRB; BEA

그림 1-3 미국 경제 호황기 중기 패턴

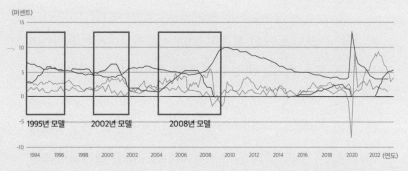

출처: FRB; BEA; BLS

있었던 시기의 90퍼센트는 경기침체나 불황으로 이어졌다'는 패턴을 발견할 수 있다.

그림 1-3의 그래프는 미국 경제 호황기 및 경기침체나 불황에 대한 '중기 패턴'을 보여준다. 중기 추세에서는 '미국 경제가 침체기에 빠지는 시기는 미국 연방준비제도위원회(연준)가 기준금리를 인하하기 시작한 후 9개월 무렵'이라는 패턴을 발견했다. 2022년에서 2023년까지의 미국 경제 움직임을 분석한 바로는 2024년 하반기에 경기침체가 발생할 확률이 80퍼센트 이상으로 예상된다. 불확실한 것은 그 깊이가 연착륙(경기침체, 온건한 불황)이냐, 경착륙(경기 대침체, 극심한 불황)이냐일 뿐이다.

트럼프가 재선에 승리할 확률, 그리고 변화들

이 확률은 트럼프 재선 확률이 80퍼센트 이상이라는 의미이기도 하다. 물론 바이든의 연임 확률도 약 20퍼센트는 남아 있다. 세상에는 이 정도의 가능성이 현실로 나타나는 경우가 종종 있다. 그리고 2024년 대선의 핵심 변수인 '경기침체' 발생 가능성에서 '높은 기준금리와 긴축 기간에도 불구하고 경기침체나 불황이 발생하지 않을 경우'도 비교적 낮은 확률로 남아 있다. 그래서 바이든 재선 혹은 민주당 정권 연장이 실패할 거라고 단정 짓기는 어렵다.

그러나 미래는 논리에 따라 분석한 확률에 근거해 준비해야 한다. 그렇기 때문에 높은 확률의 가능성, 즉 2024년 트럼프의 재선 시나리오를 우선순위로 두고 대비할 것을 권하고 싶다. 트럼프의 재선 이후 미국의 국내외 정책에 큰 변화가 오지 않는다면 상관없지만 과거 트럼프의 재임 시절을 상기하면 이후에 격변이 예상된다. 바이든 행정부의 정책 대부분이 완전히 뒤바뀔 수도 있다.

그중에서도 가장 위험한 것은 불확실성이 증폭되고 기존 질서가 파괴되며 방향이 무작위로 전환될 수 있다는 점이다. 현재 미국은 러시아-우크라이나 전쟁에서 우크라이나 편에 서 있다. 트럼프가 집권하면 미국은 이 전쟁에서 중립으로 돌아설 수도 있다. 최악의 경우, 트럼프가 '물밑에서' 러시아의 블라디미르 푸틴 대통령의 편을 들 가능성도 있다. 대만에 대한 태도도 달라질 것이다. 바이든 시절, 미국 행정부와 의회는 대만에 매우 우호적이었고, 오랫동안 정책으로 이어졌던 '전략적 모호성 Strategic Ambiguity'(중국이 대만을 공격할 경우, 미국이 대만에 무기를 지원할 수도 있지만 개입 여부는 명확히 밝히지 않겠다는 것을 의미)

을 사실상 포기했다. 트럼프가 재선에 성공하면, 미국은 이러한 전략을 바꾸고 과거로 되돌아갈 가능성이 있다.

트럼프는 재임 시절 겉으로는 중국에 엄청난 망언을 남발했지만, 물밑에서는 시진핑과 우호적 관계를 유지하면서 중국이 미국산 수출품을 대량 구매하도록 유도했다. 지금도 시진핑은 미국이 대만과 관련해 과거와 같은 태도로 되돌아간다면 미국의 수출품을 대량으로 사줄 의향이 매우 높다. 이외에도 대북 정책이나 한국에 대한 태도 역시 바이든 행정부와 크게 달라질 것이다. 트럼프는 이전에도 주한 미군 철수 카드를 내밀면서 방위비 인상을 압박했다.

트럼프가 재선에 성공하면, 산업계에도 불확실성과 혼란이 증가한다. 실제로 전기차 업계에서는 미국의 경제 상황보다 트럼프의 재선 여부를 더 큰 변수로 여기고 있다. 친환경 정책을 내세웠던 바이든 대통령의 전기차 보조금 정책이 타격을 입을 수 있기 때문이다. 전기차 산업은 대세지만, 트럼프는 내연기관 자동차 관련 일자리에 신경을 더 많이 쓰고 있으며 탄소중립 정책에도 적극적이지 않다. 오히려 그에게 에너지 기업들이 지지를 보내고 있다. 트럼프가 전기차 분야의 생산·투자에서 속도를 조절하게 되면, 한국 배터리 기업도 영향을 받는다.[9]

트럼프의 한국 반도체 공격 시나리오

지금까지 살펴본 것처럼 트럼프가 재선에 성공하면 정치·경제적인 부분에서 전면적인 전환이 일어날 것이다. 반도체 산업 역시 마찬가지다. 이와 관련해 한국 정부는 크게 두 가지 사항을 명심해야 한다.

첫째, 트럼프는 한국보다 일본과 더 가깝게 지내기를 원한다. 트럼프가 재선에 성공하면 미국과 일본의 반도체 동맹은 더 강화될 것이다. 2023년 난항을 겪기도 했지만, 낸드플래시NAND Flash Memory(저장 장치의 전원이 꺼져도 데이터가 사라지지 않고 저장되는 메모리 반도체) 시장에서 세계 2위인 일본 키옥시아KIOXIA와 세계 4위 미국 웨스턴디지털Western Digital이 합병을 추진하려는 움직임을 보이고 있다. 세계 1위인 한국의 삼성전자, 3위인 SK하이닉스와 경쟁하려는 목적이었을 것이다. 합병의 성공 여부를 떠나서, 이런 움직임은 미국이 한국의 반도체 경쟁력을 견제하기 위해 일본과 손잡는 것을 우선순위로 삼고 있다는 것을 암시한다. 2024년 4월, 키옥시아와 웨스턴디지털의 합병 논의가 재개될 전망인 만큼 긴장을 늦춰서는 안 된다. 트럼프가 재선에 성공하면, 이런 움직임이 더욱 늘어날 가능성이 크다. 한국 반도체 산업도 예의 주시해야 할 때다.

둘째, 미국 '기업'의 입장에서 가장 위협적인 적은 중국 기업이 아니라 한국과 대만 기업이다. 트럼프 행정부 시절, 미국 반도체 기업들은 한국, 대만 등 경쟁국의 기술 추격에 불안해하며 정부에 자국 반도체 업계에 대한 지원을 확대하고 미국 반도체의 '해외 생산 의존도'를 낮춰야 한다고 주장했다. 미국 반도체 산업협회Semiconductor Industry Association, SIA는 전 세계 반도체 시장 매출 1위는 점유율 47퍼센트를 기록한 미국이지만 한국(19%), 일본(10%), 유럽(10%), 대만(6%), 중국(5%)의 추격이 거세다고 분석했다(2019년 기준).

반도체는 크게 연산과 제어를 처리하는 시스템 반도체와 정보를 저장하는 메모리 반도체로 나뉜다. 반도체산업협회는 미국이 시스템 반도체의 대표 분야인 로직 반도체와 아날로그 반도체에서 각각 61퍼센트, 63퍼센트의 점유율로 압도적 우위를 보이지만, 메모리 반도체 시장에서는 23퍼센트로 한국(65%)에 크게 뒤진다고 토로했다. 특히 반도체 업계의 최대 화두인 '미세공정' 기술에서는 대만과 한국에 거의 따라잡혔다며 위기감을 드러냈다. 또한 미국 반도체의 80퍼센트가 아시아 지역 공장에서 생산된다고 언급하면서 중국과의 무역 분쟁 등 지정학적 불확실성, 그리고 국가 안전보장을 명목으로 미국 내 생산에 따른 인센티브 확대를 주장했다. 필요하다면 특단의 조치까지

취해줄 것을 요청했다.[10]

반도체산업협회의 주장을 요약하면 미국 내 반도체 생산 증대와 한국과 대만 기업의 기술 추격 봉쇄, 두 가지다. 이들의 요구는 정권을 가리지 않고 매우 집요하게 이어졌다. 바이든 행정부 역시 그 요구를 받아들여 〈반도체칩 및 과학법〉, 이른바 '반도체지원법'을 시행했다. 반도체지원법은 미국의 대표적 반도체 기업 인텔Intel의 CEO 팻 겔싱어의 주도하에 미국 하원이 발의했다. 이 법안의 핵심은 미국 정부가 반도체 산업에 520억 달러(한화 약 69조 원), 안보에 중요하다고 간주되는 상품 제조 및 공급망 지원에 450억 달러(한화 약 60조 원)를 투자하는 것이다.

해당 법안에는 국가 공급망이나 국가 안보에 위협적인 제조 시설을 해외로 이전하는 것을 금지하는 방안도 포함되었다. 겔싱어는 상원 상무위원회 청문회와 CNBC와의 인터뷰에서 한국과 대만을 직접 거론하면서 이들 국가에 반도체 생산을 의존하는 것은 미국 반도체 산업의 지정학적 불안정을 초래한다고 주장했다. 트럼프가 재선에 성공해서 임기를 시작하는 2025년은 반도체산업협회가 한국과 대만 기업의 위협을 노골적으로 주장한 지 5년이 지난 시점이다. 그들은 처음보다 더 큰 위협을 느끼고 있을 것이다.

트럼프 행정부 입장에서 대중국 반도체 규제는 새롭지도 않다. 현재의 기조를 유지하기만 하면 되기 때문이다. 반도체산업 협회는 바이든 행정부에서 두 가지 요구 중 하나인 미국 내 반

미국 반도체지원법 CHIPS and Science Act of 2022

반도체 산업 분야에서 중국에 대한 기술적 우위를 지키기 위해 만든 반도체 생태계 육성 법안으로 반도체 및 과학 산업에 520억 달러를 지원한다. 미국에 반도체 공장을 짓는 글로벌 기업에 최대 30억 달러의 보조금과 25퍼센트의 세액 공제를 적용하는 방안도 포함되었다.

이 법안은 세 가지의 독소조항이 포함되어 있어 문제가 된다. 첫째, 보조금 지급이 2026년까지로 제한되어 있을 뿐 아니라 보조금을 받는 기업은 향후 10년간 중국에 반도체 생산 설비를 5퍼센트 이상 확대할 수 없다. 사실상 추가 투자가 불가능하다는 의미다.

둘째, 1억 5000만 달러 이상의 보조금을 받으면 초과 이익이 발생했을 때 보조금의 75퍼센트까지 국고로 회수가 가능하다. 보조금을 받아 충분한 수익을 내더라도 이 가운데 상당 부분을 반납해야 하므로 기업에 실제로 이익일지 의문이 제기된다.

셋째, 보조금을 받으려면 현금 흐름과 내부수익률을 포함한 재무 건전성, 사업의 기술적 타당성 입증과 환경 규제 통과 등도 준비해야 하며 생산 공정의 기밀사항이 노출될 수 있는 공장 내부 접근도 허용해야 한다.

한국 기업들은 보조금을 받기도, 거부하기도 어려운 상황이다. 미국의 보조금을 받고 중국 내부 반도체 공장 증설 계획을 중지할 경우 중국의 경제 보복이 우려되며, 미국 정부의 지원금을 거절하면 세금이나 인·허가 문제가 불거질 수도 있다.

도체 생산 증대를 실현했다. 이제는 한국과 대만 기업의 기술 추격을 봉쇄하는 나머지 요구를 실현하기 위해 움직일 것이다. 이들의 요구가 거세질수록 트럼프 행정부는 한국과 대만 기업을 견제하기 위한 카드를 만질 가능성이 커진다. 지금 우리는 중국이 한국 기업의 기술을 빼앗는 것을 염려하지만, 그보다는 가까운 미래에 미국이 한국 기업의 기술을 뺏는 것을 염려해야 할지도 모른다.

칩4 동맹과 한국 반도체 산업의 위기

바이든 행정부에서 2022년 8월 시행한 인플레이션감축법Inflation Reduction Act, IRA(미국의 인플레이션을 완화하기 위해 기후변화 및 의료보험 지원 확대, 법인세 인상 등의 내용을 담은 법안) 이후 1년 동안 한국은 미국에 대한 투자가 20건으로 전 세계에서 가장 많은 투자를 했다. 2위 유럽연합(19건), 3위 일본(9건), 4위 캐나다(5건), 5위 대만(3건)을 압도하는 규모다. 하지만 돌아온 이득은 크지 않다. 기업들은 국내 일자리의 감소를 감수하면서까지 미국 내 투자를 늘렸으나, 한국 전기자동차가 미국의 보조금 혜택을 받지 못하면서 오히려 미국 시장 점유율 하락이라는 위기를 맞았다.

2022년 미국의 주도로 이른바 '칩4 동맹'이 결성되었다. 미국과 더불어 세계 반도체 시장을 선도하고 있는 한국, 대만, 일본이 협력 관계를 맺어 동맹국 간 반도체 생산과 공급을 안정적으로 유지한다는 목적이다. 미국은 칩4 동맹이 계속되기를 원한다. 이 동맹은 안정적인 반도체 생산 및 공급망 형성을 표방하지만, 실제로는 반도체 패권 전쟁에서 중국을 배제하기 위한 전략이다.

한국이 칩4 동맹을 지속하는 한 한국 기업의 중국 시장 위기는 계속될 것이며, 그 반사이익은 미국과 일본이 고스란히 가져갈 것이다. 최대 수혜국이 될 미국은 현재 팹리스fabless(제조 설비를 뜻하는 fabrication과 적다라는 뜻의 less를 더한 말로, 반도체 설계 전문회사를 의미) 분야에서 68퍼센트라는 압도적 점유율

> **칩4 동맹**Chip4
> 미국이 중국을 견제하고 안정적인 반도체 공급망을 형성하기 위해 한국, 일본, 대만에 제안한 국가적 동맹을 말한다. 한국의 메모리 반도체, 일본의 장비 및 소재, 대만의 비메모리 반도체, 미국의 설계 등 국가별로 전문성을 보이는 분야를 분담해 반도체 공급을 안정화하고 반도체 산업에 있어 중국에 대한 의존도를 낮추는 것이 목적이다.

을 가지고 있다. 그리고 반도체지원법으로 파운드리foundry(반도체 분야에서 외부 기업이 설계한 반도체를 위탁받아 생산 및 공급하는 기업) 분야 경쟁력 확대를 추진 중이다. 이미 소재 분야를 장악한 일본은 '칩4 동맹'을 계기로 파운드리 분야의 재기를 꿈꿀 수 있게 되었다. 대만은 동맹의 유지 여부와 상관없이 파운드리 분야(세계 1위)와 팹리스 분야(세계 2위, 21% 점유율)에서 경쟁력이 막강하다.

그렇다면 한국 기업은 어떤 이익을 갖게 될까? 한국이 자랑하는 메모리 반도체는 이미 세계 1위 기술력을 가지고 있기 때문에 미국 내 공장 유무와 상관없이 경쟁력과 위상이 달라지지 않는다. 오히려 이로 인해 수출에 타격을 입을 수 있다. 중국은 한국 반도체 기업들이 생산에 필요한 소재를 수입하고 완제품을 수출하는 무역 핵심 국가로, 한국 반도체 최대 수출국도 중국(2021년 기준 63%)이다. 2023년 5월 21일, 중국 당국은 미국 마이크론Micron의 제품 구매 금지라는 초강수를 단행했다. 반도체 산업에서 미국의 대중국 제재에 대한 보복 조치를 취한 것이다. 미국 상무부는 곧바로 반대 성명을 발표하면서 '동맹국과 협력'을 강조하여 한국 기업에 마이크론의 공백을 채우지 말라는 은근한 압력을 가했다.[11]

중국 반도체 산업은 한국 반도체 기업을 추격하는 후발 주자다. 미국이 대중국 제재를 지속한다면 한국과 중국의 반도체 기술 격차가 벌어져서 우리에게 유리할 것 같지만, 이런 이득은 매우 단기적이고 단편적이다. 중국이 미국의 방해로 첨단 반도체를 확보하지 못해서 화웨이Huawei 등 중국 기업들이 중저가 시장에 머무르게 된다면, 한국산 첨단 반도체 수입을 포기하고 자국에서 생산하는 중저가 반도체로 대체하게 될 수 있다. 반면 미국과 일본이 반도체 굴기에 성공하면, 최첨단 반도체 제품에서 한국과 새로운 경쟁 구도를 형성하게 된다. 미국의 대중 제재 장기화는 한국 기업에 큰 이득이 없다.

한국 반도체 산업 구조는 생각보다 기반이 취약하다. 대만의 시장조사기관인 트렌드포스에 따르면 2023년 2분기 기준으로 세계 10대 파운드리 매출 순위는 1위 TSMC(대만, 56.4%), 2위 삼성전자(한국, 11.7%), 3위 글로벌파운드리(미국, 6.7%), 4위 UMC(대만, 6.6%), 5위 SMIC(중국, 5.6%), 6위 화홍반도체(중국, 3%), 7위 타워 세미컨덕터(이스라엘, 1.3%), 8위 PSMC(대만, 1.2%), 9위 뱅가드국제반도체그룹(대만, 1.2%), 10위 넥스칩(중국, 1%)이다.[12] 한국의 삼성전자가 파운드리 분야에서 2위를 차지했지만, 1위와의 격차가 무려 4.82배다. 2022년 기준, 약 593조 원 규모인 비메모리 반도체 시장에서 한국의 점유율은 3.3퍼센트로 거의 꼴찌다.[13]

2019년, 트럼프 전 대통령이 한국을 방문해 헬기를 타고 삼성전자의 반도체 공장을 둘러본 다음 일본 정부는 반도체 생산에 필수적인 소재들의 한국 수출 금지 조치를 단행했다. 겉으로는 한일 무역 분쟁으로 보이지만 국내 경제 전문가들은 트럼프가 중국 산업에 타격을 주기 위해 일본과 함께 벌인 일로 추정한다.[14] 한국 반도체 공장의 생산 차질은 곧 한국 반도체 최대 수입국인 중국의 산업 타격으로 이어지기 때문이다.

트럼프는 동맹국에도 이런 술수를 사용할 수 있는 인물이다. 미국의 이익을 위해서는 동맹국의 희생 따위는 안중에도 없다. 그는 주한 미군 방위금 분담 등 안보와 정치적 쟁점을 반도체 산업 이슈와 연결해 압박할 수도 있다. 자신의 기조대로 반도체 산업을 두고 한국보다 일본에 유리한 빅딜을 할 수도 있다. 전 세계 반도체 산업의 미래는 밝다. 하지만 미국 대선의 향방에 따라 한국 반도체 산업은 언제 무너질지 모르는 유리 바닥을 걷듯 불안하다.

2장

미래는 징후를 보이며 다가온다

시진핑 집권 3기의 어느 날, 대만 선벽에 공습경보가 울린다. 중국은 이 전쟁으로 대만 주변을 완전 봉쇄해 경제를 붕괴시킨다. 중국-대만 전쟁으로 인해 대만 내에서 정부에 대한 여론이 악화되면 대만 정부는 스스로 항복하거나 차기 총통 선거에서 친중 세력에 패배할 가능성이 높다. 중국-대만 전쟁은 대만과 중국의 독립 여부를 둔 싸움으로 보이지만, 더 넓게는 미국과 중국의 대립이기도 하다.

2024년 1월 치러진 대만 총통 선거에서 친미, 반중 성향을 가진 라이칭더 민주진보당 후보가 당선되었다. 홍콩 반환 이후 대만에서는 중국의 위협에 대한 우려가 커졌고, 선거를 앞두고 발생한 중국의 군사적 도발이 오히려 반중 정서를 강화시킨 것이다. 그러나 의회에서는 친중 성향의 중국국민당이 다수석을 차지해 여소야대의 형국으로 새 정부가 출범하게 되었다.

중국-대만 전쟁은 당사자들만의 문제가 아니다. 블룸버그에 따르면 중국이 대만을 침공할 경우 전 세계 GDP의 10.2퍼센트(10조 달러)가 하락할 것으로 예상했다. 피침국인 대만은 GDP의 40퍼센트가 감소할 것이며, 이 전쟁의 두 번째 피해자는 중국이 아닌 한국으로 GDP의 20퍼센트가 감소할 것으로 예상했다(중국은 16.7% 하락). 코로나19로 세계 경제가 침체되었을 때, GDP의 피해 규모가 5퍼센트였던 점을 감안하면 중국과 대만의 전쟁이 세계와 우리나라에 미치는 영향은 매우 클 것으로 예상된다.

그렇다면 한국은 왜 이 전쟁에서 당사자를 제외한 가장 큰 피해자가 되는 것일까? 그것은 대만 반도체 시장의 확장성 때문이다. 대만의 TSMC는 전 세계 정밀 반노체 시상의 절반 이상을 차지하고 있고, 삼성전자와 SK하이닉스의 점유율을 합쳐도 TSMC의 점유율을 넘지 못한다. TSMC가 전쟁으로 파괴된다면, 대만의 경제는 붕괴하고 반도체 산업은 회복 불가에 빠진다. 미국과 전 세계 산업 역시 일시에 마비될 것이다. 전 세계 반도체 시장 공급망도 극심한 혼란에 빠진다. 각국의 주식시장은 대공황 때처럼 87퍼센트까지 대폭락하는 재앙적 충격을 받을 수도 있다.

대만의 반도체 산업이 붕괴하면 한국이 반사 이익을 얻을 것이라고 예상할지 모르겠지만, 반도체는 여러 국가와 기업의 협업으로 완성된다. 안정적인 반도체 공급망이 붕괴되면 전 세계 반도체 산업을 비롯해 관련 산업 대부분이 타격을 입게 되며, 한국의 반도체 산업 역시 예외가 될 수 없다.

대만 통일을 원하는 세력은 누구인가

두 번째 뜻밖의 시나리오는 '중국-대만 전쟁 발발'이다. 이 시나리오의 핵심은 세 가지다. 첫째, 중국이 대만을 무력으로 침공한다면 시진핑 3기 말이 가장 유력하다. 둘째, 시진핑이 선택할 수 있는 가장 유력한 카드는 '대만 전면 포위 작전'이다. 이 군사작전만으로도 세계시장에 주는 충격은 러시아-우크라이나 전쟁, 이스라엘-하마스 전쟁보다 몇 배 클 것이다. 셋째, 대만을 사이에 두고 미국과 중국이 무력 충돌을 일으키면, 3차 세계대전으로 확전될 가능성도 염두에 두어야 한다.[1]

어떤 나라에 경제적 위기나 대규모 정치 변화가 발생하면,

이는 그 나라뿐 아니라 전 세계 경제나 국제정치 질서에도 큰 영향을 미친다. 기후변화나 지진과 같은 자연재해가 평상시보다 큰 규모로 발생해도 마찬가지다. 예측과 다르게 등장한 신기술은 사회구조나 생활방식을 크게 바꾸고, 이는 다시 새로운 문화적 현상이나 트렌드로 이어져 세계인들의 가치관과 생활방식에 격변을 가져오기도 한다.

중국의 대만 침공 전쟁도 이런 수준의 파괴력을 가진 사건이 될 가능성이 크다. 대만에는 세계 최고의 반도체 기업인 TSMC를 비롯해서 반도체 생태계의 핵심이 되는 기업이 많다. 대만을 둘러싼 바닷길은 중동의 수에즈 운하보다 더 중요한 무역 통로다. 그렇기 때문에 대만을 두고 미중 간에 군사 전쟁이 벌어지면 반도체 시장을 넘어 글로벌 무역에 거대한 폭풍우가 몰아치고, 미중 패권 전쟁의 승부에도 결정적 변수로 작용할 수 있다.

중국-대만 전쟁 시나리오는 다음과 같은 전제로 시작한다.

"중국은 대만 통일이 급하지 않지만, 시진핑은 급하다."

중국은 대만을 자국의 영토라고 생각한다. 이런 입장은 한 번도 바뀐 적이 없으므로 그들에게 대만 정부는 '반정부 세력'에 불과하다. 그러니 100년 후든, 200년 후든 언젠가는 물리적으로 중국 영토에 편입한다는 생각으로 정세에 대응해왔기 때문에 중국은 사실 대만 통일이 급하지 않다. 하지만 시진핑은 다르다. 그는 자신의 정치 생명을 걸고 헌법까지 고치면서 3연임을 달성했다. 한 번 더 임기를 수행하는 데서 그치지 않고 장기집권 및 종신집권을 위해 모험을 시작한 것이다.

시진핑의 장기집권 시나리오는 치밀하게 준비된 작업이다.[2] 그는 집권 1기부터 명분을 쌓아왔다. 이 계획의 최대 장애물인 정적들도 치밀하게 제거했다. 시진핑은 국공내전國共內戰(중국에서 항일전쟁이 끝난 후 중국의 재건을 둘러싸고 국민당과 공산당 사이에 벌어진 중국 내 전쟁) 승리자의 후예인 '태자당太子黨' 출신이다. 그는 부패 척결을 구실로 내세워 경쟁 그룹인 장쩌민의 상하이방上海幫(상하이 출신으로 1980년대부터 중국 권부에 진입한 인사들)이나 후진타오의 공청단共青團(중국공산주의청년단)을 무자비하게 제압했다. 권력 핵심부는 '시자쥔習家軍(시진핑을 지지하는 측근 계열)'으로 채웠다. 상무위원 숫자도 아홉 명에서 일곱 명으로 줄여버렸다.[3] 경제적으로는 일대일로를 확대했고, 부동산 경기를 띄우며 미래 산업에 집중적으로 투자했다.

종신집권의 최대 난제는 '헌법 수정'이었다. 중국식 집단지도 체제는 임기제, 연령제, 격대지정隔代指定 전통이라는 세 가지 기조가 기본이다. 임기제인 10년 집권 전통은 덩샤오핑이 만들었다. 절대권력을 쥐고 장기집권을 한 마오쩌둥이 문화대혁명으로 피바람을 일으키자 이러한 비참한 사태의 재발을 막기 위해

서였다. 1982년, 중국은 국가주석의 임기를 2연임 10년으로 하는 임기제를 '헌법 제79조'에 명시하고, '칠상팔하七上八下'라고 불리는 연령제 원칙을 암묵적으로 강조해 그 누구도 바꾸지 못하게 못 박았다.[4] 칠상팔하는 정치국 상무위원은 67세까지만 가능하고 68세부터는 불가능하다는 의미의 불문율이다. 격대지정이란 물러나는 지도자가 한 대를 건너뛰고 차차기 후계자를 미리 정해두는 전통이다. 이 전통은 권력투쟁을 약화하는 안전장치였다. 이렇게 중국 공산당은 연임을 안정적으로 보장해주는 대신 종신제를 막고, 권력 퇴출 근거를 마련해 쿠데타와 같은 비정상적인 방식 없이 평화적으로 권력이 교체될 수 있는 기반을 마련했다.[5]

시진핑은 세 가지 전통적 기반을 모두 무너뜨리고 2018년 집권 2기 시작과 동시에 헌법 수정 작업을 전광석화처럼 해치웠다. 자신의 권력이 가장 강한 시기를 택한 것이다. 이에 대한 반발로 몇 번의 암살과 쿠데타 위기를 맞았지만 운 좋게 모두 극복했다. 자신의 업적도 멋지게 포장했다. 3차 '역사결의歷史決議'(정식 명칭은 '건국 이래 당의 몇 가지 역사적 문제에 관한 결의'다. 1차는 1945년 마오쩌둥이, 2차는 1981년 덩샤오핑이, 그에 이어 3차로 2021년 시진핑이 발표)를 발표하면서 자신을 마오쩌둥, 덩샤오핑과 동등한 반열에 올려놓았다.

2023년에도 종신집권에 장애물이 되는 정적들은 지속적으로 숙청되었다. 1년간 숙청된 고위 관료는 최소 41명에 이른다. 2014년 이후 최대 규모다. 명분은 부정청탁금지법 위반 혐의다. 시진핑은 거물 부정부패 혐의자를 '호랑이'로, 지역의 당정 관료를 '파리'로 칭하면서 숙청의 칼날을 휘둘렀다. 중국에서는 통상 부정부패에 연루된 고위 공직자라도 퇴진하면 형사처벌을 하지 않았지만, 2023년에는 은퇴 관료 17명을 이례적으로 조사 대상에 넣었다. 이유는 간단하다. 공산당 상무위원회는 태자당-상하이방-공청단 세 개의 세력이 분할하고 있었는데, 이를 시진핑 중심의 '1인 체제'로 바꾸려는 행보였다. 이런 시도가 성공하면, 시진핑은 현대 중국 최고 권력자였던 마오쩌둥과 같은 크기의 권력을 얻게 된다.[6]

시진핑이 종신집권을 할 수 있는 업적 혹은 명분은 두 가지뿐이다. 하나는 중국 경제가 미국을 넘어서는 것이다. 하지만 중국의 명목 GDP만이라도 미국을 넘어서려면 2050년경이나 되어야 할 것으로 추측한다. 시진핑은 집권 2기 혹은 3기에 미국을 추월해 세계 1위 경제국인 G1 국가가 됨으로써 종신집권의 명분을 만들려고 했을 것이다. 그러나 이 계획은 트럼프와의 무역 전쟁, 코로나19 팬데믹이라는 암초를 만나면서 실패했다. 그렇다면 남은 명분은 '대만 통일'뿐이다. 대만 통일에 성공한다면, 젊은 세대를 중심으로 민족주의 정서가 불타오르는 자국 내 분위기를 등에 업고 종신집권의 길을 열 수 있다.

이 시나리오가 황당하다고 생각하는가. 2023년 10월, 중국 본토에서 이상한 일이 하나 벌어졌다. 2016년에 출간된 명나라 역사 전문가 천우퉁 교수의 《숭정제의 지난날: 명제국의 마지막 장면崇禎往事: 明帝國最后的圖景》이라는 책의 가격이 27배까지 뛰어오른 것이다. 원인은 중국 정부가 모든 서점에서 이 책을 전부 회수하면서 품절되었기 때문이었다. 이 책은 독자들이 명나라 말기 역사를 쉽게 이해하도록 쓴 대중서였다. 중국 정부는 7년 동안 아무 탈 없이 판매되던 이 책을 왜 갑자기 회수했을까? 일부에서는 시진핑의 '숭정제崇禎帝 트라우마'를 원인으로 꼽았다.

명나라의 마지막 황제인 숭정제는 16세의 어린 나이에 즉위했지만, 선대 황제와 다르게 검소했고, 국정을 농락했던 환관 위충현을 숙청하는 등 집권 초기에는 올바른 정사를 펼치려고 노력했다. 하지만 대내외적으로 불안한 정국이 이어진 탓에 의심이 늘어나 신하들을 불신하고, 성과에 대한 집착이 심해져 관료들을 내치는 일도 잦았다. 그러다 보니 신하들은 점점 황제의 눈치만 보았고, 숭정제 역시 전쟁 비용 마련을 위한 증세에 매달렸다. 천우퉁은 《숭정제의 지난날: 명제국의 마지막 장면》에서 숭정제를 이렇게 평가했다. "멀리 보는 치국의 방략 없이 당장의 성과와 이익에 집착하다 보니 근본적인 문제를 해결하지 못했다." "우왕좌왕하고 서두르다 보니 목표했던 것과 정반대의 결과가 나타났다."

2020년 초, 코로나19 팬데믹이 시작될 때, 중국 뉴스 포털사이트 왕이차이징網易財經에 시진핑을 숭정제에 비유한 글이 올라와 세간이 떠들썩했다. 그 글은 중국 관료들이 시진핑의 입만 바라보고 있다는 내용이었다. 그 후, 중국 당국은 숭정제를 다룬 글에 매우 민감해졌다. 그런 상황에서 출판사는 숭정제를 신랄하게 비판한 천우퉁의 책을 개정하면서 "패착을 반복했고 연거푸 실수했다昏招連連步步錯", "열심히 정사를 돌볼수록 나라는 망해갔다越是勤政越亡國"는 문구의 광고를 내보낸 것이다.[7] 나는 이런 사건을 '미래 징후Future Signals'라고 부른다.

미래 징후란 무엇인가

미래는 갑자기 오지 않는다. 어떤 징후를 보인 뒤 찾아온다. 뜻밖의 미래에도 희미한 신호는 분명 있다. 1968년, 세계 석유 시장은 예측 가능한 안정 상태였다. 유가의 급격한 변동성에 대해서는 누구도 우려하지 않았다. 그러나 다국적 에너지 기업인 로

열 더치 쉘Royal Dutch Shell corp.(이하 쉘)만은 예외적으로 예상치 못한 미래적 요소들에 대비했다. 쉘의 런던지사에서 근무하던 피에르 왁은 미래의 석유시장 동향에 대한 분석 보고서를 제출한다. 그는 '미래 시나리오 플래닝'을 통해 다양한 변수를 철저히 분석했다. 그리고 언론에서 보도되는 다음과 같은 미래 징후들을 정밀하게 연구하며, 다가올 변화에 주의를 기울였다.

1. 미국의 석유 저장량은 감소 추세이며, 전 세계의 석유 수요는 꾸준히 상승하고 있다.
2. 아랍 국가들은 석유 카르텔인 '석유수출국기구Organization of Petroleum Exporting Countries, OPEC'를 구성해 서방 세계의 이스라엘 지원에 대해 반발하며 정치적 연대를 강화하고 있다.

1960년 9월, 이라크 주최의 바그다드회의에 이라크, 이란, 사우디아라비아, 쿠웨이트, 베네수엘라가 모였다. 이들은 석유 가격의 안정화를 목표로 OPEC을 결성했다. 아랍 국가들은 지난 1948년 발발한 '1차 중동전쟁'의 패배, 1967년에 발발한 '3차 중동전쟁', 소위 '6일 전쟁'의 굴욕을 잊지 않고 있었다. 이들은 어떻게든 미국과 이스라엘에 보복하고 싶었다. 피에르 왁은 아랍 국가들의 이러한 역사적·심리적 배경과 미래 징후들을 연결시켜 변화의 가능성을 예측해 두 가지 시나리오를 만들었다.

첫 번째 시나리오는 '유가가 장기적으로 안정될 것'이라는 기존의 기대를 그대로 반영한 예측이었다. 이런 시나리오하에 쉘은 기존 전략을 그대로 따르기만 하면 되었다. 그러나 왁은 이 시나리오의 실현 가능성을 낮게 보았다. 그의 두 번째 시나리오에는 미래에 발생할 수 있는 충격적인 변화가 반영되었다. 'OPEC이 유가 상승을 의도적으로 조절할 것'이라는 뜻밖의 시나리오였다. 경영진은 왁의 미래학적 접근에 큰 흥미를 보였다. 그들은 '두 번째 시나리오가 현실화될 경우, 현재의 경영 전략을 전면 재편하지 않는다면 기업은 큰 위기에 처하게 될 것'이라는 결론에 도달했다.

다만 단순한 예측만으로 기업 경영 전략을 과감하게 변경할 수는 없으므로 먼저 예상되는 위험 요소들에 대비해 '미래 위기관리 전략'을 구성했다. 두 번째 시나리오가 현실화될 가능성을 고려해 경영의 위협 요소를 리스트 업하고 대응책을 마련했다. 예컨대 쉘은 파트너사인 유조선 회사들과 '선적량의 최대 용량을 꼭 채우지 않아도 된다', '유가가 배럴당 6달러일 경우, 쉘이 특별한 계약 조항을 활용할 수 있다'는 내용을 포함한 장기 계약을 체결했다.

기존의 계약 조항은 유가 상승에 따른 석유 수요 감소에 대비하기 어려웠다. 전 세계적으로 석유 공급에 큰 변동이 없었으며, 연간 6퍼센트의 선형적 성장이 예상되었기 때문에 유조선 회사들은 쉘의 계약 수정안을 수용했다. 1973년 10월, 왁의 예상대로 '4차 중동전쟁'이 발발했다. 국제 유가는 배럴당 6달러를 돌파했다. '뜻밖의 미래 시나리오'를 기반으로 발생 가능한 사태에 따른 대비책을 마련해두었던 쉘은 경쟁사보다 훨씬 발빠르게 움직였다. 덕분에 급격하게 닥친 큰 변화에 제대로 대처하며 위기를 기회로 만들어 엄청난 수익을 올렸다.

1983년, 왁의 뒤를 이어 쉘의 새로운 미래학자 피터 슈워츠Peter Schwartz가 무대에 등장했다. 그는 쉘의 경영 전략에 새로운 차원의 통찰을 더하며 핵심 전략 시나리오를 구상했다. 그는 아무도 예측하지 못한 '소련이 가져올 뜻밖의 미래 전환'을 눈앞의 중요한 이슈로 부각했다. 그것은 '소련이 서구에 문을 열며 군사 경쟁을 억누르고 국제적인 긴장 상황을 완화할 것'이라는 놀라운 시각이었다. 이 시나리오에는 유가의 대폭락 결과로 소련의 내부 구조가 흔들릴 것이라는 예상도 포함되었다. 이번에도 쉘의 경영진은 이런 뜻밖의 미래 예측을 바탕으로 전략적으로 움직였다. 60억 달러가 투자되는 트롤 가스전 프로젝트를 재검토하고, 소규모 석유 회사들을 고가에 인수하려는 계획도 일단 보류했다. 슈워츠의 예측처럼 소련을 향한 미국의 경제 공격이 시작되면서 유가가 급락했고, 이는 소련의 붕괴로 이어졌다.

슈워츠는 독일 통일에 대한 뜻밖의 시나리오도 발표했으며, 이후 더 놀라운 예측을 거듭했다. 2001년 9월 11일 오사마 빈라덴 조직이 미국 중심부를 공격한 사건이 발생하기 7개월 전, 부시 대통령을 만난 자리에서 워싱턴과 뉴욕의 주요 건물에 대한 대대적인 테러 공습의 위험성을 경고하는 시나리오를 제출한 것이다. 하지만 미국 행정부는 이 문서를 무시했고, 끔찍한 결과를 낳았다.

위기에 몰리면,
자신의 팔을 내주고 적의 목을 친다

비합리적인 행동은 왜 일어나는가. 궁지에 몰렸기 때문이다. 사람은 위기에 몰리면, 적의 목을 치기 위해 자신의 팔을 내주는 비합리적인 행동도 불사한다. 이스라엘 침공을 감행한 하마스도 마찬가지였다. 그들이 극단적 행동을 한 이유는 크게 세 가지로 요약된다.

첫째, 명분이다. 하마스는 이스라엘과 사우디아라비아의 수교 협상이 성사되는 것을 막고 싶었다. 사우디아라비아는 유럽, 이스라엘, 중동과 인도를 잇는 수송로를 만들고자 했다. 사우디아라비아의 왕세자 빈 살만은 피크 오일peak oil(석유 생산량이 최고점에 이르렀다가 급격히 줄어드는 현상) 위기를 극복하기 위한 일환으로 2030년까지 미래형 신도시 프로젝트 네옴시티NEOM City 완공과 관광 등 핵심 산업 개발을 통해 경제 다각화를 추진 중이다.

이러한 계획들을 성사시키기 위해서는 수많은 나라와 기업에서 대규모 투자를 유치해야 한다. 이를 위해 빈 살만은 바이든 정부와 손잡고 인도와 중동 유럽을 잇는 철도·해운 수송로인 '신 스파이스루트(향신료 길)' 구축에 공을 들였다. 이 새로운 무역항로 건설로 미국은 중국의 일대일로 사업에 맞대응하고, 사우디아라비아는 외부에서 거대한 투자를 받으려는 목적이었다. 이스라엘은 '신 스파이스루트'의 핵심 길목이었다.

빈 살만은 2018년 사우디 왕실을 비판한 언론인 자말 카슈끄지를 암살한 사건으로 외교적으로도 궁지에 몰려 있었다. 따라서 이스라엘과 외교 관계를 정상화하고 '중동 데탕트(긴장 완화)'에 성공하면 국제사회에서 명예를 회복할 수 있었다. 2020년, 이스라엘은 미국의 중재로 아랍에미리트, 바레인, 모로코, 수단과 외교 관계 정상화에 합의하며 이들 국가에 무기를 수출했다.

사우디아라비아도 이스라엘과 수교를 맺으면서 이스라엘의 최첨단 무기를 수입해 국방력을 강화했다. 하마스의 뒤를 봐주는 시아파의 종주국인 이란 입장에서는 이런 흐름이 달갑지 않았다. 중동에 평화 무드가 형성되면, 하마스와 이슬람 지하드Jihad, 레바논의 헤즈볼라 같은 테러 조직은 위축될 게 뻔했다.

둘째, 하마스의 내부 문제다. 2007년부터 17년째 가자 지구를 통치해온 하마스는 잦은 무력 도발로 점점 커져가는 주민들의 불만을 무마해야 했다. 팔레스타인 자치 정부는 '파타Fatah'라는 정당이 정권을 잡고 있다. 현 대통령 마흐무드 압바스도 파타 출신이다. 반면 하마스는 팔레스타인 의회 132석 중 74석을 차지하는 거대 야당이다. 하지만 가자 지구에서 하마스의 인기는 계속 추락 중이다. 최근에는 팔레스타인에서 수천 명이 하마스 깃발을 불태우는 시위까지 발생했다.

셋째, 실질적 목적이다. 이스라엘의 공격으로부터 알아크사 사원Al-Aqsa Mosque과 이슬람 3대 성지인 요르단강 서안 지구를 지키는 이슬람 수호자 이미지를 부각해 아랍 세계의 지지와 후원을 계속 받으려는 속셈이다. 동시에 존재감 약화에서 오는 재정 문제를 해결할 의도도 있었다.

이 세 가지를 한마디로 종합하면, 하마스가 이스라엘을 공격한 이유는 입지 축소 및 존재감 상실로 하마스는 궁지에 몰려 있었기 때문이다. 쥐도 궁지에 몰리면 고양이를 물듯, 인간은 극한 상황에 몰리면 살기 위해서 최후의 발악, 극단적 행동, 벼랑 끝 전술을 사용한다. 전쟁 중이라면 더욱 그렇다.

시진핑이 대만을 군사 공격하는 것은 합리적이지 않은 선택이다. 그래서 이 책에서는 시진핑의 대만 공격을 '뜻밖의 미래'로 분류한다. 뜻밖의 미래는 현재로서는 일어날 가능성이 낮지만, 일어난다면 엄청난 변화를 불러오는 미래다. 하지만 하마스의 이스라엘 공격이나 러시아-우크라이나 전쟁에서 보듯 세상에는 비합리적이고 극단적인 상황이 종종 발생한다.

2023년 5월 30일, 시진핑은 베이징에서 열린 20기 중앙 국가 안전위원회 1차 회의에서 미국과의 관계와 관련해 '최악의 경우와 가장 극단적인 시나리오에 대비할 것'을 강조했다. 그는 중국의 국가 안보가 복잡하고 어려운 상황에 직면해 있으며, 앞으로의 도전과 위험을 극복해야 한다고 주장했다. 또한 국가 안보 시스템을 빠르게 현대화하고, 국가 안보기구의 디지털 데이터와 인공지능 감독 강화를 촉구했다. 청화대 국가전략연구소 셰마오쑹 선임연구원은 "시진핑의 최근 발언은 중국이 미국과의 경쟁에서 장밋빛 환상을 갖지 않고 이에 대비하기 위해 진지하게 노력하고 있음을 보여준다."라며 "최악의 시나리오에는 중국의 해양 경제 벨트를 파괴하거나 핵전쟁이나 중국의 에너지, 금융 및 식량 공급에 대한 서방의 제재가 포함될 수 있다.”
라고 지적했다. 시진핑 주석의 머릿속에는 미국이 가장 극단적
인 카드를 던지면 중국 역시 '대만 통일 전쟁'이라는 가장 극단
적인 카드로 맞대응할 준비로 가득하다.

전쟁이 일어날 가장 유력한 시기는
2026~2027년

시진핑 주석이 중국-대만 전쟁을 감행한다면, 집권 3기 4~5년
차가 되는 2026~2027년이 가장 유력할 것으로 보인다. 우연의
일치일지 모르겠지만, 2027년은 중국 인민해방군 건군 100주
년이 되는 해다.

시진핑 주석이 대만 통일을 감행하는 이유는 크게 다음과 같
이 세 가지로 볼 수 있다.

첫째, 종신집권의 야망이다.

둘째, 중국 정치 세력의 미국에 대한 좌절감이다. 바이든 정부 들
어서 미국은 기존 대만에 대한 '전략적 모호성 정책'을 폐기했다.
이 행동으로 중국 정치권은 크게 실망했다.

셋째, 중국이 경제 충격 혹은 침체로 심하게 흔들릴 경우, 민심을 전환할 이슈가 필요하다.

이 중에서 두 번째 이유는 매우 중요한 변곡점이다. 미국의 대만에 대한 전략적 모호성 정책은 복잡한 국제 정치적 문맥에 따른 것이므로 세 나라의 관계에 큰 영향을 미친다. 전략적 모호성의 핵심은 미국이 대만의 독립을 명시적으로 지지하지 않으면서 동시에 중국이 대만을 군사적으로 압박하지 못하도록 하는 것이었다.

한국전쟁이 끝난 후 마오쩌둥은 대만 점령 계획을 세웠다. 첫 번째 목표는 중국과 불과 1.8킬로미터 떨어진 진마 지구金馬地區였다. 이 지역은 동서로 약 20킬로미터, 남북으로 5~10킬로미터 정도 크기의 진먼섬金門島(금문도)을 중심으로 크고 작은 섬들이 모인 지역이다. 대만은 이 지역에 중국 대륙을 직접 타격할 요새를 구축해두었다.

1954년 8월 11일, 저우언라이 중국 총리는 대만 통일을 외치며 이 지역에서 대규모 군사 작전을 벌였다. 이를 '1차 대만해협 위기'라고 하는데, 미국은 즉각 대만해협에 항공모함 세 척으로 구성된 전단을 파견해 중국의 추가 공격을 막았다. 전쟁의 위협은 잠시 소강되었다가 1958년 8월 23일, 중국이 진먼섬에 두 시간 동안 무려 포탄 4만 발을 발사하는 대규모 포격 작전을 전개하면서 다시 고조되었다. '2차 대만해협 위기'에서 중국은 10월 5일까지 군사 활동을 지속하면서 총 47만 발의 포탄을 대만에 퍼부었다. 대만 역시 이에 대응해 포격을 시작했다.

두 국가 간의 군사적 충돌이 격해지자, 미국은 대만해협에 7함대를 신속히 배치하고, 전함 100여 척, 전투기 500여 대, 해병대 병력 1만 명을 동원해 미국-대만 연합훈련을 실시하면서 중국에 강력한 경고를 보냈다. 미국과 중국의 전면전 위험이 높아지면서 3차 세계대전의 우려도 커졌다. 이후에도 간헐적 포격이 이어지다가 1979년, 미국과 중국이 전격 수교를 맺으면서 정세는 가까스로 안정화되었다. 이때 미국은 중국이 무력으로 대만 통일을 시도하지 못하도록 군사적 개입 여부를 명확하게 밝히지 않는 '전략적 모호성 정책'을 가동했다. 중국도 미국이 '하나의 중국'을 인정해주는 대가로 미국의 이런 조치와 태도를 인정하고 대만을 향한 무력 공격도 중단했다.

미국의 전략적 모호성 정책의 주요 측면은 다음과 같다. 첫째, 미국의 '하나의 중국' 정책 지지다. 미국은 중화인민공화국을 중국의 유일한 정부로 인정하기 때문에 대만과 공식적인 외교 관계를 맺지 않았다. 둘째, 대만에 무기 판매는 유지한다. 1979년 미국은 '대만관계법'을 제정했다. 이 법안은 미국이 대만과 무형적인 관계를 유지하고, 대만에 무기 판매를 합법화하는 데 중요한 역할을 했다. 표면적으로 미국은 하나의 중국 정책을 지지하지만, 대만에도 무기를 판매해 대만의 자위적 국방력을 강화하고, 이를 바탕으로 중국의 잠재적 군사 위협에 대비하도록 도왔다. 셋째, 대만에 대한 방어적 약속의 부재다. 바이든 정부 이전까지 미국은 대만과 공식적인 군사동맹을 맺지 않았다. 넷째, 중국과 대만의 대화와 협상 촉진이다. 미국은 대만과 중국의 평화적인 대화와 협상을 추진해 두 지역 간에 긴장을 완화해왔다. 다섯째, 대만해협의 안정 추구와 나아가 이 지역의 불안정이 동아시아 지역 또는 글로벌 불안정으로 확산되는 것을 방지했다. 미국은 이러한 정책으로 미국, 중국, 대만 간에 아슬아슬한 균형을 유지하면서 동아시아 지역의 안정을 유지했다. 시진핑을 비롯한 중국 정치권은 미국이 이 기조를 유지할 것이라고 굳게 믿었다.

하지만 바이든 정부가 들어서자 상황이 달라졌다. 중국 정부를 가장 날카롭게 비판하는 낸시 펠로시 연방하원의장이 2022년 8월 대만을 전격 방문했다. 펠로시는 민주당과 바이든 행정부를 대표해서 대만에 대한 확고한 지지를 약속했고, 대만 차이잉원 총통은 그녀에게 대만 최고 훈장을 수여했다.[8] 펠로시는 1991년 하원의원 시절에 베이징의 천안문을 방문해 '중국 민주

화운동 희생자를 추모합니다'라는 팻말을 치켜들었다. 1997년에는 중국 장쩌민 주석이 워싱턴에 방문했을 때 '장쩌민은 폭군이다'라는 항의 시위도 벌였다. 2008년에는 티베트 임시정부를 방문해 달라이 라마와 공식 회담을 하고 중국의 인권 문제를 비판하면서 미국이 2008년 베이징올림픽에 불참해야 한다고 외쳤다. 2011년에는 중국 정부가 감금한 정치범 류사오보의 석방도 주장했다.

2022년 8월 14일, 미국 상원을 장악한 민주당은 외교위원회에서 하나의 중국을 인정하는 미국의 정책을 사실상 폐기하는 '대만정책법안'을 통과시켰다. 대만을 비非 나토NATO(북대서양조약기구) 동맹국으로 지정하고, 4년 동안 45억 달러 규모의 군사적 원조를 지원하며, 대만에 미국이 주도하는 다양한 국제기구와 다자간 무역협정에 참여할 기회를 제공한다는 조항이 포함되었다. 사실상 대만을 독립 국가로 인정한 셈이었다. 2022년 8월 18일, 바이든도 미국 CBS와의 인터뷰에서 중국이 대만을 무력으로 침공하면 미국이 직접 군사 개입을 하겠다는 의사를 표명했다. 2022년 9월 15일, G7이 새로 구축하는 글로벌 공급망에서 중국을 배제하고 대만을 편입하는 미국 입장을 지지했다. 중국에는 큰 타격이었다. 중국 내부에서는 '전쟁불사론'까지 거론되었다.

시진핑은 3연임을 넘어 4연임과 종신집권을 노리고 있다. 중국 인민을 설득하기 위한 '미국을 넘어서는 중국 경제'라는 목표는 흔들리고 있다. 2015년부터 중국 경제는 빠르게 식었다. '중진국의 함정'(개발도상국이 중진국 상태에서 더 이상 성장하지 못하고 경제 성장이 멈춰 선진국에 이르지 못하는 현상)에 빠져 고비용·저효율 단계에 진입했다. 이미 인구구조는 감소세로 전환되어 장기적 성장 동력도 꺾였다. 중국 부동산 시장의 붕괴와 실물경기 장기 침체 우려도 커지고 있다. 중앙정부와 인민은행이 돈을 풀어도 경제 회복은 매우 더디다. 미국 기업을 비롯한 글로벌 기업들이 공급망 재편, 코로나19 봉쇄, 중국 내 인건비 상승 등의 이유로 중국 탈출 속도를 높이고 있다. 중국 안팎에서 쇠락을 걱정하는 목소리도 커진다. 만약 2024~2026년에 중국 경제가 대침체에 빠지거나 높은 실업률 문제를 해결하지 못하면 중화민국의 위대한 부흥을 알리겠다는 '중국몽中國夢' 비전과도 멀어질 수밖에 없다.

중국 입장에서 대만의 독립은 하나의 중국에 타격을 입히는 문제만으로 국한되지 않는다. 대만 독립은 중국의 화약고이자 최대의 에너지 창고인 신장 위구르 자치구(940만 명), 독립운동이 빈번한 티베트 자치구(360만 명), 중국 내 대표적 비한족 계열 자치구인 네이멍구 자치구(비한족 인구 580만 명), 후이족 자치주(1000만 명), 옌볜조선족 자치주(190만 명), 광시 좡족 자치구(1610만 명)까지 걷잡을 수 없는 문제로 번진다. 이들 지역을 모두 합치면 중국 전체 영토의 65퍼센트에 달한다. 신장 위구르 자치구는 중국 3대 유전을 비롯해 석유와 석탄, 천연가스 등 중국 에너지 매장량의 30~40퍼센트를 가지고 있다. 중국으로 오는 송유관 대부분이 이곳들을 지나간다. 희토류 등 희귀 자원도 풍부하다.

대만 독립은 최악의 경우 중국이 3~4개 독립국가로 쪼개지는 상황을 불러올 수도 있다. 이런 물꼬만 트여도 시진핑은 장기집권은 고사하고 모든 책임을 지고 물러나야 한다. 4연임을 결정하는 선거가 다가올수록 시진핑과 권력층은 점점 초조하고 조급해질 것이다. 만약 그때의 민심이 시진핑에게 우호적이지 않으면, 성난 민심이 시진핑 정권이라는 배를 침몰시킬 것이라는 공포감마저 들 수 있다. 이런 상황에서 미국이 대만과 호의적인 관계를 지속하고, 대만을 독립국으로 인정하는 발언과 행보를 늘리며, 대만에 최첨단 F-35 스텔스 전투기와 사드 THAAD(고고도 미사일 방어체계) 등 고성능 무기를 제공하면, 시진핑 정부에 '중국-대만 전쟁'이라는 카드는 민심을 한순간에 되돌리고 4연임을 통과시켜줄 강력한 유혹이 될 수 있다.

중국-대만 전쟁의 시나리오

미중 무역 및 정치적 갈등이 극대화되는 어느 날, 중국군은 칠흑같이 어둡고 굵은 장대비가 내리는 야밤을 틈타 종합 훈련을 실시한다. 하지만 이 훈련은 이내 대만을 사방으로 전면 봉쇄하고, 중국 본토에서 불과 4킬로미터 떨어진 진먼섬을 기습 포격하는 전쟁으로 바뀐다. 전체 인구 10만 명에 병력 3,000여 명만 배치된 진먼섬은 순식간에 중국의 손에 넘어간다. 전광석화같이 전쟁을 시작한 중국 군대는 대만과 미국의 군사위성, 대만 본토의 통신 및 민간 시설(공항, 항만, 송전소 등)에 사이버 공격까지 감행해 대만과 미국의 반응을 체크하기 시작한다.

잇달아 대만 해상 및 공중 봉쇄가 다음과 같은 방법으로 진행될 가능성이 크다. 먼저 마쭈섬과 진먼섬에 대한 봉쇄 및 점령을 시도한다. 진먼섬은 1958년 촉발된 2차 위기 때도 많은 사상자를 낸 곳이다. 두 섬의 점령 시도 후 중국군은 기륭항, 가오슝항 등 대만 본토를 전면 봉쇄하며 모든 선박의 출입을 막고 방공식별구역을 확대해 항공기 진출입도 통제한다. 대만도 자체 보유한 전투기와 패트리어트 미사일, 호크 미사일 등으로 대응하겠지만 전력의 열세라는 한계를 보인다. 전쟁 시작 시점에는 중국이 절대 유리하다. 대만과 미국은 중국 군대가 먼저 움직여야 대응할 수 있기 때문이다.

중국 군대는 본토 연안과 서태평양 지역에 항모전단을 집결해 미군 개입을 막고, 동시에 장기전으로 돌입하기 위해 제1 도련선(오키나와에서 대만, 필리핀을 지나 보르네오섬까지 이어지는 가상의 선으로 중국 해군의 작전 반경) 요충지 두 곳에 해군의 전력을 총집중한다.

중국은 미국보다 대만에 가깝다는 지리적 이점을 살려 핵추진 잠수함은 물론이고 중소형 미사일 함정과 디젤 잠수함까지 대규모로 운용한다. 중국은 일곱 척의 원자력 잠수함과 42여 척의 재래식 잠수함을 보유하고 있다. 원자력 잠수함은 미 해군의 접근을 차단하는 데, 재래식 잠수함은 어뢰를 이용한 함선 공격과 기뢰부설 임무에 활용된다. 이 잠수함들은 대만해협으로 은밀하게 진입한 다음, 주요 항로 등에 매복하고 있다가 작전을 수행한다. 대만 해군은 기륭급 구축함 네 척, 양양급 소해함 여덟 척, 잠수함 네 척 등이 있으나 중국 해군을 격퇴하기에는 역부족이다.

중국은 공중전을 위해 동부·남부 전구 소속의 전투기와 해군 전투기까지 모두 1,000여 대를 투입한다. 이들 모두 공중급유기의 지원 없이 대만 인근에서 작전 수행이 가능하다. 대만의 바다와 하늘 길을 완전히 봉쇄한 중국은 군수물자뿐 아니라 수출입까지 막아 대만 경제를 고사시켜 대만의 민심을 혼란케 하는 심리전도 펼친다. 대만 내부에 미리 침투해 있는 중국 간첩들이 동시에 혼란을 가중한다. 대만 주식시장과 채권시장이 폭락하면, 곳곳에서 사재기가 성행하고 민심은 흉흉해진다. 대만 국민이 결사 항전을 다짐해도, 먹고사는 문제 앞에서는 쉽게 기세가 꺾일 것이다.

참고로 중국은 아시아 태평양 지역에서 미국의 해양 공격력을 방어하기 위해 'A2/AD'라는 '반접근/지역 거부Anti-Access/Area Denial' 전략을 구사하고 있다. 제1 도련선에는 두 곳의 요충지가 있다. 한 곳은 대만 남서쪽과 필리핀 북쪽 바타네스주 사이에 있는 바닷길인 바시해협이다. 중국은 이곳을 철저히 봉쇄해 태평양과 남중국해를 지나는 국제 화물선까지 저지한다. 이로써 주변국은 물론 서구 경제에까지 위협이 번진다. 다른 한 곳은 일본 오키나와와 대만 북동쪽 사이의 바닷길이다. 이곳은 한국과 일본에 주둔한 미군 전력을 봉쇄하는 핵심 지역이다.

시진핑은 대만 봉쇄 위협을 높이기 위해 제한적 공격을 승낙할 수도 있다. 중국군은 370밀리미터 방사포와 둥펑-11A, 둥펑-15B 미사일을 사용해 대만 국방부, 육해공 총사령부 등 군 지휘 시설을 무력화하고 공중과 바다까지 지배하려고 시도한다. 중국 공군은 J-11, J-20 등 전투기 1,000여 대를 동원해 북부, 서부, 동부에서 진입, 대만의 쑤아오·쭤잉 해군기지, 즈항·신주 공군기지 등의 무력화에 나선다.

대만 정부도 중국군 상륙에 대비해 '근해 사수, 해안선 적군 섬멸'이라는 전략을 수립하고 상륙작전이 우려되는 가오슝 등 10여 곳에 강력한 방어선을 집중 구축해두었다. 중국이 대만 본토를 공격하면 대만도 AIM-120 장거리 공대공 미사일을 장착한 F-16V와 다쏘미라지 2000 등으로 대응한다. 하지만 미국의 지원 없이는 열세를 만회할 수 없다. 이런 상황에서 러시아와 북한도 미국의 후방을 위협하면서 글로벌 군사 긴장감을 극도로 높인다. 러시아는 핵잠수함을 가동시키고, 북한은 중국에 도움을 주기 위해 다양한 미사일 발사 실험을 반복한다.

전세가 중국에게 유리하게 전개되자, 시진핑은 미국이 전력을 증강하기 전에 급박하게 상륙작전을 지시하고, 이를 위해 두 가지 작전을 펼친다. 먼저 일본에서 대만을 거쳐 필리핀까지 이어지는 통신을 차단하는 전자방해공격이다. 그다음으로 대만 본토의 군사, 행정, 사회 기반 시설(통신·전기 및 수도 시설)을 드론과 미사일로 집중 타격한다. 여기에 미사일 방어망이 구축되어 있는 화롄의 자산 공군기지를 비롯한 대만 주요 방어망에 대량 미사일 공격을 집중한다.

두 가지 사전 작전이 끝나면, 중국 특수부대는 대만 본토의 요충지에 동시다발적으로 상륙작전을 감행한다. 이제 공중전에서 전쟁은 국지전·시가전으로 옮겨간다. 그 시기는 대만해협 수역이 평온해 수륙양용전이 용이한 10월경이다. 중국 인민해방군 특수부대가 대만 본토에 쉽게 상륙하도록, 중국 본토를 비롯해서 중국 항공모함과 항구에 정박 중인 군함에서 잉지-91 등 정밀도가 높은 각종 미사일이 동시에 발사되고, 초음속 탄도미사일 둥펑-17은 대만군의 패트리어트 방공미사일 시스템을 무력화시킨다. 폭격은 대부분의 군사시설과 병력이 집중된 대만 서쪽과 북쪽에 집중된다. 중국군 스텔스 무인기 궁지-11은 타격 성공 여부를 관찰 및 평가한다.

폭격이 집중되는 동안, 중국 인민해방군 특수부대는 진먼섬을 비롯한 대만 섬들을 장악한다. 대만 본토에서 멀리 떨어진 남중국해에 있는 대만령 둥사군도와 타이핑섬들도 장악한다. 본토 상륙작전을 펼치기 전에 뒷문을 단속하려는 포석이다. 그 다음으로는 수송기와 강습양륙함으로 대만 본토 서해안, 북쪽과 남쪽으로 동시에 상륙한다. 대만의 자체 시뮬레이션 결과, 대만의 공군통제센터는 중국이 무력을 사용하는 순간 1분 만에 무력화된다.

중국의 상륙작전에는 기동헬기 30대, 상륙장갑차 20대, 공기부양 상륙정 네 척, 해병대 1,000명을 수송할 수 있는 4만 톤급

075형 대형(경함모급) 군함 세 척이 동원된다.[9] 상륙한 특수부대는 전광석화처럼 움직여 대만 총통부와 국방부, 쑹산 국제공항, 군사기지를 장악하고, 총통 등 대만 요인의 납치와 암살을 시도하고, TSMC 등 산업 핵심 시설에 침투한다. 장악에 성공하면 미군과 대만군이 격렬하게 반격하기 힘들어지기 때문이다.

미국의 감시·정찰 자산도 중국군의 상륙 준비를 사전에 포착하고, 대만해협을 건너는 동안 보급로를 차단한다. 주한 미군과 주일 미군도 차출되고, 한국과 일본도 보급 및 군수물자 지원을 약속한다. 주한 미군이 투입되면서 한국의 대북 억지력에 공백이 발생한다. 중국의 동맹인 북한도 전쟁에 개입한다고 선언한다. 동시에 북한은 한반도에서도 중강도 이상의 도발을 시작한다.

러시아도 미국이 두려워하는 전략 핵무기인 포세이돈 발사를 준비한다. '둠스데이Doomsday(최후의 날)'라고 불리는 포세이돈은 길이 20미터, 높이 2미터의 잠수함에 탑재된 공격용 핵미사일로 2차 세계대전 당시 히로시마에 투하된 원자폭탄보다 6,000~7,000배의 위력을 발휘한다. 대만 면적과 같은 나라는 서너 발만 명중해도 국가 전체가 붕괴된다. 수중에서 포세이돈이 터지면 500미터 높이의 '방사능 쓰나미'가 발생해 인근 마을, 주변 지역이 모조리 파괴되고 방사능에 오염돼 생명체가 살

수 없는 불모지로 변한다.

러시아 최첨단 스텔스 핵잠수함 K-329 '벨고로드Belgorod'는 세계 최대, 최강 잠수함이다. 길이 184미터로 미국 최강 전략자산 중 하나인 오하이오급 핵잠수함보다 13미터 더 길다. 벨고로드의 스텔스 역량도 세계 최고다. 미국 군사전문가이자 《푸틴의 플레이북: 미국을 패망시키기 위한 러시아의 비밀 계획Putin's Playbook: Russia's Secret Plan to Defeat America》의 저자인 레베카 코플러는 러시아가 세계 최고 수준의 스텔스 기술 덕분에 과거에도 탐지되지 않고 미국 영해에 진입한 사례가 있었다고 주장했다.[10] 벨고로드는 최대 120일간 심해 작전이 가능하고 포세이돈을 8대까지 장착할 수 있다. 중국 군대도 미군과 일본 해군의 진입 속도를 늦추기 위해 대만 상공을 가로질러 일본이 지정한 배타적 경제수역에 둥펑-16, 둥펑-15, 둥펑-10 등의 핵탄두 장착이 가능한 탄도미사일을 수십 개 발사한다. 둥펑 탄도미사일의 최대 사거리는 800킬로미터로 일본까지 포함한다.

객관적으로 미국의 군사력은 최신 항공모함과 F-22, F-35 등으로 구성된 5세대 전투기 등에서 중국을 압도한다.[11] 중국도 5세대 전투기 J-20과 4.5세대 전투기 J-11/Su-30MKK 등을 보유했지만, 주력은 J-7, J-8과 같은 3세대 전투기다. 미국의 원자력 잠수함 한 대에는 핵탄두 탑재 잠수함발사탄도미사일SLBM이

20기 정도 실려 있다. 미 해군은 원자력 잠수함을 50척이나 보유한 반면, 중국은 잠수함 62척 가운데 일곱 척만 핵추진 방식이다.[12] 그런 압도적 전력 차이에도 중국과 미국의 전면전은 양쪽 모두에 막대한 피해를 입힌다. 중국의 미사일 전력은 미국에 근접했기 때문이다. 중국이 2019년에 배치를 시작한 중거리 탄도미사일 둥펑-17은 세계 최초로 WU-14로 알려진 극초음속 활공비행체Hypersonic Glide Vehicle, HGV를 탑재했다. 둥펑-17은 2단으로 구성되어 있다. 1단은 일반적인 탄도미사일 부스터와 같은 구조지만, 2단은 HGV 자체다. HGV는 마하 5~10 사이에서 극초음속으로 활공하며 레이더 탐지를 회피하는 능력이 있다. 중국이 둥펑-17을 사용하면, 미국의 미사일 방어 체계의 탐지와 대응 능력을 무력화하고 태평양 해상의 미국 항공모함은 물론 괌과 하와이까지 직접 타격할 수 있다.[13]

 CNN을 포함해 각국의 언론들은 중국-대만 전쟁 발발시 미군 전력의 80퍼센트를 투입해야 승산이 있을 것이라는 워게임 시나리오를 재조명한다. 이 뉴스를 접한 전 세계는 3차 세계대전 공포에 휩싸인다. 전세가 급박하게 돌아가자 시진핑도 '전술 핵무기' 사용을 심각하게 고려한다는 메시지를 언론에 흘린다. 현대 군사학에서는 전술핵 카드를 벼랑 끝 분위기를 꺾기 위해 '일시적으로 전쟁을 격화시키는 전략escalate to deescalate'으로 거론

한다. 즉, 중국이 선제적으로 전술핵 타격을 하면 미국은 보복하지 않고 종전 및 평화 협상 추진이라는 반전 상황이 만들어질 수 있다.

핵전쟁 우려까지 고조되면서 전 세계 경제성장률은 하락하고, 물가는 치솟고, 100년 만에 대공황 공포까지 조성된다. 국제사회는 미국과 중국에 평화 협상을 하라고 압박한다. 대만에서도 민생 고통이 길어지자 친미 정부의 무능을 지적하는 목소리가 커지고, 여론은 독립 반대나 중국과 통일을 지지하는 쪽으로 기울기 시작한다. 대만 행정부는 명분상으로는 중립을 선언하고 미국과 중국에 대치 상태를 풀고 자국으로 돌아가라고 요구하기 시작한다. 결국 미국과 유엔은 압도적인 군사력 차이에도 불구하고 확전을 우려해 대만 본토에서의 전면전을 피하기로 결정한다. 유엔 회의에서 친중국 국가들(러시아, 북한 등)과 중립국들(인도 등)은 전쟁의 확산을 원치 않는다는 목소리를 높인다.

중국-대만 전쟁이 발발할 경우
한국과 세계의 피해 규모

미국의 글로벌트렌드 조사기관 로디움 그룹Rhodium Group은 중국 군대가 대만을 전면 봉쇄하면 최소 2조 5000억 달러(한화 약 3342조 원)에 달하는 경제적 손실이 발생할 것으로 추산했다. 봉쇄 정책으로 이후 대만의 경제성장률은 하락하고 인플레이션율은 급등한다. 공장은 멈추고 실업률은 높아진다. 중국 정부는 대만의 경제 상황을 더욱 악화시키기 위해 중국 내 대만 사업장도 폐쇄시킨다. 2020년 기준, 중국 본토에 진출해 있는 대만 기업은 12만여 개가 넘고 대만 근로자도 100만 명이 넘는다. 이중 1,199개 기업은 대만 증시에 상장되어 있다.[14] 중국 정부가 이들 모두에게 강력한 제재를 가하면, 그 파장은 대만 증시와 경제 전반으로 퍼질 것이다.

대만의 반도체 산업은 어떻게 될까. 완제품 수출은 물론이고, 반도체 생산에 필요한 모든 장비 및 소재 등의 수입도 제한된다. 그 즉시 글로벌 반도체 시장은 혼란해질 것이다. 대만은 전 세계 파운드리 시장의 64퍼센트를 담당하고 TSMC는 고성능 파운드리 칩을 90퍼센트 이상 생산한다. 대만의 반도체 수출이 중단되면, 한국 반도체 기업에는 호재처럼 보이지만 장기적으로 전 세계 반도체 산업이 타격을 받을 것이므로 낙관적으로 예측하기 어렵다. 미국 경제연구기관 블룸버그이코노믹스는 중국이 대만을 침략할 경우 대만의 GDP 40퍼센트가 타격을 입고, 전 세계 GDP는 약 10퍼센트 감소할 것으로 예상했다.[15] 한국의 반도체 산업도 예외는 아니다. TSMC 주요 고객사들의 반도체 제조가 막히면 우리나라 반도체 산업에도 큰 영향을 미칠 것이다.

대만해협이 봉쇄되면 공급망 불안이 커지면서 반도체 산업 외에도 경제적 손실이 예상된다. 대만해협과 그 부근을 통과하는 해상 교통로는 전 세계 해상 운송의 50퍼센트를 담당하며 한국 운송량의 33.27퍼센트를 차지한다. 한국이 수입하는 원유의 유조선은 90퍼센트가 바시해협을 통과한다. 중국이 이곳을 봉쇄했을 때 미국과 서방 경제에까지 위기가 나타나는 이유다. 중국은 여기서 멈추지 않고 일본 오키나와와 대만 북동쪽 사이의 해상로도 위험 지역으로 만들 수 있다. 이곳은 한국과 일본에 주둔한 미군 전력이 막고 있는 요충지다. 중국은 이 두 곳에 해군의 핵심 전력인 항공모함, 중국판 이지스함, 길이 137미터짜리 094형 전략 핵 잠수함, 항모 킬러 둥펑-21D·둥펑-26 대함 탄도미사일, 둥펑-17 극초음속 미사일 등 군사 자원을 집중 배치할 것으로 보인다. 특히 일본 오키나와와 대만 북동쪽 사이의 바닷길에는 주한, 주일 미군을 저지하기 위해 세계 최대 미국 니미츠급 항공모함에 육박하는 웅장함을 자랑하는 3번 항공모함을 배치할 것이다. 이 정도면 이 지역에 화물선이 다니기 어렵다. 이 해상 교통로에 문제가 발생할 경우 주요 자원 및 제품

그림 2-1 원유 등 주요 자원 수송로

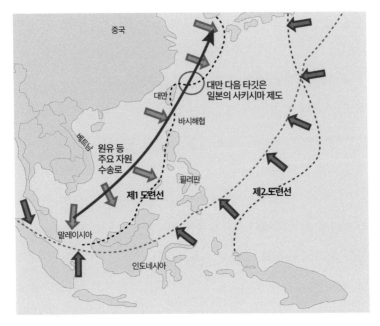

만 해도 하루에 4452억 원의 경제적 손실이 발생한다.

한국의 반도체 산업은 잠깐의 반사이익을 가져오겠지만, 곧 생산에 필요한 부품 및 소재를 수입하는 데 차질이 발생할 것이다. 대체 해상로를 마련하기까지 짧게는 7일에서 길게는 70일이 걸리면서 최대 31조 원의 경제적 손실이 발생 가능하다. 대체 해상로를 뚫더라도 물류비용이 두 배 이상 증가한다. 여기에 다른 자원 및 제품, 항공 교통로 등까지 포함해 분석할 경우 예상되는 경제 피해 규모는 기하급수적으로 늘어난다. 전문가들은 중국이 바시해협을 봉쇄하면 3개월 내에 반도체 산업을 비롯해 국내 기반 산업 전반이 마비될 것으로 예측했다. 중국이 대만을 완전히 봉쇄하면 대만, 한국, 일본 등 반도체 주요 수출국에 심각한 차질이 발생하면서 전 세계 제조업 공급망에 연쇄 충격이 발생한다.

우리나라와 중국, 그리고 북한 사이의 군사적 긴장은 한반도의 안보 불안으로 이어져 이른바 '코리아 디스카운트Korea discount'가 가중될 수 있다. 북한은 중국과 조중동맹조약(북한과 중국의 우호·협조 및 상호 원조에 관한 조약)을 맺고 있다.[16] 이 조약에 따라 북한이 중국-대만 전쟁에 참전하면 한국이 전쟁의 중심지가 될 것이라는 우려가 쏟아져 나온다. 2022년 9월 8일, 김정은은 최고인민회의 시정연설에서 핵무력화 법제화를 공개했다. 이 법령의 제3항 '핵무력에 대한 지휘통제'에는 유사시에 김정은을 포함한 북한 지휘부가 타격을 받으면 핵공격 작전 계획을 자동으로 시행한다는 내용이 포함되어 있다.[17]

만약 미국이 중국, 북한, 러시아 연합군에 무력을 사용하면, 북한은 이를 '북한 지휘부 타격'으로 해석하고 핵무기를 사용할 명분으로 삼을 가능성이 있다. 중국 정부도 주한 미군이 움직이고, 한국이 미국을 후방에서 지원하면 자국 내 한국 기업에 고강도 제재를 시작할 것이다. 대만해협은 미국 본토에서 아주 멀기 때문에 주한 미군을 동원하지 않으면 미군의 군사력은 열세에 빠지게 된다. 그래서 한국 군대의 개입은 필연적이고, 그로 인한 중국의 보복도 당연하게 따라온다.

중국은 각종 경제협력 사업 중지, 불매운동 방관(조장), 관광 제한, 중국 내 한국 기업에 대한 제재 강화, 한국 상품 수입 제한 등은 물론이고, 2020년 발효된 〈중화인민공화국 수출 관리·통제법中华人民共和国出口管制法〉과 2021년 발효된 〈반외국제재법反外国制裁法〉 등을 통해 체계적이고 정교하게 경제 보복을 시행한다. 중국-대만 전쟁이 발발할 경우, 한국 기업을 향한 중국 정부의 대응은 사드 보복을 몇 배나 능가할 것이다.

2023년 10월 20일, 중국 상무부와 해관총서(세관)는 '흑연 품목의 임시 수출 통제 조치 최적화 및 조정에 관한 공고'를 발표했다. 여기에는 고민감성 흑연 품목 3종의 수출을 통제한다는 내용이 담겼다. 표면적 이유는 흑연이 군수 물자로도 사용될 수 있다는 것이었지만, 미국과 한국 경제에 타격을 주는 것이 목표였다. 흑연은 한국 기업이 주력으로 하는 2차전지의 핵심 원료다. 흑연 수출 제재는 미국이 중국에 저사양 인공지능 칩 수출을 통제한 것에 대한 맞불이었다. 2차전지 타격은 바이든 행정부의 전기차 산업에 직격타를 입힌다. 한국은 2차전지용 흑연의 94.3퍼센트(2023년 기준)를 중국에서 수입한다. 현재는 수입 불가가 아니라 수입할 때마다 매번 허락을 받아야 한다는 의미 이므로 실질적 피해가 크지는 않다.

하지만 중국-대만 전쟁이 발발한 상황에서 한국이 미국을 군사적으로 지원한다면 이야기는 달라진다. 국내 산업에 영향 을 미치는 중국발 수입 품목은 많다. 우리나라 정부는 공급망 붕괴 위기에 대비하여 2030년까지 중국 수입에 의존하고 있는 소재나 광물 등의 품목을 집중 관리하기로 했다. 2023년 1월부 터 10월까지의 수입 통계를 살펴보면 반도체 생산의 핵심 광물 인 희토류의 대중 의존도는 86.4퍼센트, 반도체 제조용 가스인 네온의 의존도 역시 81.3퍼센트로 매우 높은 수치를 보였다.[18] 대만 전쟁으로 TSMC 등이 타격을 입더라도 중국의 경제 보복 이 동시에 일어나면 반사이익은 고사하고 한국 반도체 시장도 큰 충격을 받게 된다.

만약 중국-대만 전쟁이 미국과 중국의 전면전으로 치달을 경 우 경제적 피해는 6조 달러를 넘어설 것이다. 미국의 대표적 싱 크탱크인 랜드연구소는 두 국가의 무력 충돌이 발생할 경우, 미 국은 GDP(2022년 25.3조 달러)의 5퍼센트, 중국은 GDP(2022년 19.9조 달러)의 25퍼센트가 감소할 것이라고 분석했다. 이는 2008년 서브프라임 모기지 사태가 벌어졌을 때보다 큰 타격이다. 중국 경제가 GDP 대비 25퍼센트 손실을 보면, 금융투자시장에서는 마진콜이 쏟아지면서 수많은 회사가 파산 위기에 처한다. 한국을 비롯한 아시아 주요국과 신흥국에서는 주식·외환·채권 시장이 동시에 붕괴하는 '트리플 붕괴'가 발생하고, IMF(국제통화기금)에 구제금융을 신청하는 나라들이 쇄도할 것이다.

마진콜margin call

증거금의 부족분을 채우라는 전화call를 받는다는 뜻에서 붙여진 명칭이다. 주식거래에서 증거금은 40퍼센트지만, 파생상품(선물·옵션) 거래는 대부분 5~15퍼센트 내외의 증거금으로 매매된다. 증거금 비율이 낮을수록 더 높은 배수에 투자할 수 있다. 마진콜을 받으면 투자자 및 금융회사는 증거금을 빨리 채워 넣어야 한다. 그렇지 못하면 거래소는 반대매매로 계약을 청산해버린다. 이것이 '반대매매 리스크'다. 글로벌 금융위기 때, 리먼 브러더스가 마진콜 위기를 벗어나지 못해 파산했다.

3장

한반도 최악의 위기,
코리아 디스카운트

백두산 화산 폭발

2025년 봄, 백두산이 폭발해 북한 양강도-함경북도 전역과 중국 지린성-헤이룽장 성 남부가 화산 재해 지역으로 선포된다. 폭발의 규모는 화산폭발지수 4인 2010년 아이슬란드 화산 폭발과 유사하다. 폭발이 멈추면서 용암 분출도 멎었으나 재폭발이 우려된다. 또한 화산 분화구 주변에 쌓인 퇴적물이 쏟아져 산사태가 일어날 수도 있으며, 그로 인해 대규모 홍수가 발생할 위험도 있어 경계를 늦출 수 없는 상황이다.

북한 양강도 삼지연과 중국 지린성 연변 경계에 위치한 백두산은 땅속에 마그마가 살아 있는 대표적인 활화산이다. 학계 전문가들이 백두산 폭발 가능성을 주목하기 시작한 것은 2002년 6월부터 2005년 말까지 약 3년 반 동안 화산 폭발의 전조 현상인 화산성 지진이 일어나면서다. 이에 2007년 북한 당국이 우리 정부에 백두산 화산의 남북 공동연구를 제안하기도 했으나 논의만 반복하다가 성과를 내지는 못했다. 2020년 국정감사에 출석한 한국지질자원연구원장은 "백두산 평균 분화 주기가 100년에서 200년 사이인데 마지막 분화가 1903년이었으니 분화 주기에 와 있다."라고 답변하기도 했다.

일반적으로 한국의 기업가치가 저평가되는 코리아 디스카운트의 주요 요인으로 북한의 전쟁 위협과 불투명한 기업 지배구조를 꼽는다. 여기에 백두산 폭발 시나리오까지 더해진다면 한국 경제의 큰 축을 담당하는 반도체 산업 역시 외국인 투자자로부터 외면받는 상황이 될 수 있다.

만약 백두산이 화산폭발지수 4 이상으로 폭발한다면 우리나라에는 어떤 영향을 미칠까? 2010년 4월 아이슬란드 화산 폭발로 혼란스러웠던 상황을 떠올려보자. 당시 발생한 어마어마한 양의 화산재가 바람을 따라 북유럽으로 확산되면서 스칸디나비아 지역을 비롯해 유럽 전역에서 항공기 운항이 중단되고 수백만 명의 발이 묶이는 등 일대 혼란이 일었다. 백두산 폭발이 현실화된다면 항공기 결항 외에도 산업 전반에 미칠 경제적 손실, 북한의 불안으로 초래될 안보 위기 상황까지 고려해야 하는 대재앙이 닥칠 것이다.

폭발의 징후

백두산 화산 폭발은 단 하나의 사건으로 반도체 산업에 강력한 피해를 주는 시나리오다. 이 시나리오는 근거 없는 공상이 아니다. 전 세계에서 지진과 화산 폭발에 가장 잘 대비하는 일본도 2014년 혼슈 중부 나가노현에 위치한 온타케산 화산 폭발 시, 징후를 미리 파악하지 못하는 바람에 등산객 등 58명이 사망하고 다섯 명이 실종되는 비극이 일어났다. 한국 기상청은 백두산 화산 폭발이 '지금 당장' 일어날 확률은 매우 낮다고 평가한다. 하지만 앞으로도 안전하다고 장담하지도 않는다. 징후는 여전히 존재하기 때문이다.

2002년 6월부터 2005년 말까지 약 3년 반가량 백두산에 폭발 전조 현상이 나타났다. 당시 백두산 근처에는 한 달에 최대 250회 정도의 화산지진이 일어났고, 2015년에는 섭씨 60도 내외이던 천지 주변 온천의 온도가 섭씨 83도까지 올랐으며 온천에서 채취한 화산가스의 헬륨 농도는 일반 대기의 일곱 배에 달했다. 이것은 천지 아래 마그마의 활동이 매우 활발하다는 것을 의미한다.

북한의 반복적인 핵실험도 백두산 폭발에 영향을 미칠 수 있는 불안 요소 중 하나다. 학자들은 마그마가 터질 수 있는 압력을 대기압인 100킬로파스칼의 1.2배가량의 충격을 최소치로 잡는다. 2017년 6차 핵실험 때 발생한 인공지진은 규모 5.7 정도였고 발생한 압력은 60킬로파스칼이었다. 북한의 핵실험장인 함경북도 길주군 풍계리와 백두산의 거리를 고려하면 핵실험으로 인해 규모 7 이상의 인공지진이 발생할 경우 화산 폭발에 영향을 미친다.[1] 사실 북한이 이 정도 충격의 핵실험을 진행하기는 어렵기 때문에 핵실험만으로 백두산 화산 폭발이 일어나지는 않을 것이다. 하지만 반복되는 핵실험으로 인해 폭발 가능성이 높아질 것이라는 점은 염두에 두어야 한다. 백두산 화산이 폭발하면 어떤 피해가 발생할까?

화산폭발지수Volcanic Explosivity Index, VEI는 1982년 미국 지질조

사국의 크리스 뉴홀과 스티븐 셀프가 고안한 수치로 화산 폭발의 정도를 나타낸다. 화산이 폭발할 때 분출물의 크기와 화산 구름의 상승 높이를 관측해 0부터 8까지 단계별로 측정한다. VEI-0은 폭발을 일으키지 않거나 화산 분출량이 0.0001세제곱킬로미터 미만의 폭발 규모를 뜻한다. VEI-1은 화산 분출량이 0.001세제곱킬로미터가 넘는 규모이며, VEI-2는 분출량이 0.01세제곱킬로미터가 넘는 규모이다. 이런 식으로 지수가 1등급씩 올라갈 때마다 폭발 규모가 10배씩 커져 VEI-8의 분출량은 무려 1,000세제곱킬로미터를 넘게 된다. 학자들은 VEI-8급의 대폭발이 일어나면 큰 빙하기가 발생한다고 추정한다. 지구상에서 이 정도 규모의 대폭발이 일어난다면 VEI-8급으로 분화한 전례가 있고 현재 활화산인 미국의 옐로스톤 초화산이 가장 유력하다. 과학자들은 옐로스톤 초화산이 64만 년 전에 VEI-8급의 대폭발을 일으켰을 것이라고 추정한다. 하지만 이런 규모의 화산 폭발은 최소 5만 년에 한 번 정도 나타난다.

백두산 폭발 최악의 시나리오

백두산 폭발 최악의 시나리오는 VEI-7급의 대폭발이 일어나는

그림 3-1 900년대 이후 백두산 화산 분화 현황

시기	900	1000	1100	1200	1300	1400	1500	1600	1700	1800	1900	2000
분화 횟수	3	7	3	3	1	5	2	3	1	1	2	?
발생 연도	939, 946, 947	1014, 1016, 1017, 1018, 1019	1124, 1199	1200, 1201, 1265	1373	1401, 1403, 1405, 1406	1573, 1597	1654, 1668, 1673	1702	1898	1903, 1925	?

출처: 기상청

것이다. 946년 백두산 대분화도 VEI-7급으로 추정된다. '천년 대분화Millennium Eruption'로 불리는 이 대폭발은 2010년 아이슬란드 화산 폭발의 1,000배 이상 규모로 당시 화산재가 상공으로 25킬로미터 이상 솟구치면서 일본 홋카이도에까지 비처럼 내렸다고 한다. 학자들은 지난 1만 년 동안 전 세계에서 VEI-7 규모의 화산 폭발이 10번가량 일어난 것으로 추정한다. 약 1,000년 주기로 대규모 폭발이 발생한 셈이다.

현실적으로 일어날 확률이 높은 폭발 규모는 VEI-4에서 VEI-6 정도이다. 우리나라 기상청의 자료에 따르면, 백두산은 900년대 이후 현재까지 31번 분화했다. VEI-4~6 규모의 분출은 대략 100년에 한 번 꼴로 일어났다. 참고로 백두산의 마지막 분화는 1925년이며, 학계에서 공식적으로 인정한 마지막 분화는 1903년으로 100년이 넘었다. 그러다 보니 100년 주기설이 잠잠해지지 않는 것이다.

백두산이 VEI-4 규모로 폭발하면 화산재는 지상 10킬로미터 성층권까지 올라간다. 백두산의 마그마는 제주도 한라산과는 성질이 다르다. 백두산은 끈적끈적한 유문암질 마그마로 이루어져 화산가스가 빠져나가지 않기 때문에 굉장히 큰 폭발을 만들어낸다. 한라산은 현무암질 마그마라 가스가 자유로이 빠져나간다. 점성도 백두산의 100만 분의 1 정도로 낮아서 크게 폭발하지 않고 흘러내린다. 하와이 용암도 마찬가지다.

1991년 6월 발생한 필리핀 루손섬의 피나투보 화산 폭발은 VEI-5 규모였다. 당시 폭발로 수백만 톤의 이산화황가스가 방출돼 대기를 덮었고, 이로 인해 폭발 후 몇 년 동안 전 세계 평균 기온이 화씨 1도 정도 하락했다. 폭발 다음 해에는 남극 상공의 오존층 구멍의 크기가 관측 이후 가장 넓어졌다.[2] 이때 화쇄류(화산재, 화산가스 등이 고속으로 분출되는 현상)는 서울 면적의 약 200배에 이르는 지역을 덮으면서 루손섬은 36시간 동안 암흑천지가 되었다.

현재 백두산에서 일어나는 전조 현상들로 보아 VEI-6 규모의 폭발이 일어날 가능성을 예측하는 전문가도 있다. 섭씨 1,000도가 넘는 마그마는 폭발하면서 천지의 물과 만나면 고체

화되어 산산조각난다. 화산체 주변에는 화산가스가 포함된 부석물이 층층이 쌓인다. 미세하게 부서진 화산재는 수증기와 함께 솟구치며 화산 구름을 만드는데, 이 정도 규모에서는 화산재가 20킬로미터 상공까지 올라가 영향을 미친다. 화산재는 성층권에서 부는 제트기류를 타고 동쪽으로 이동하다가 떨어지는데, 이를 '강하화산재'라고 부른다. 한반도에 북풍계열 바람이 불어올 때인 겨울이나 봄철에 백두산이 분화하면 강하화산재가 남한까지 넘어올 것이다. 최악의 경우, 이에 따른 직간접 피해 규모는 11조 1895억 원에 달할 것으로 분석된다. 화산재가 땅에 1밀리미터 이상만 쌓여도 교통은 마비된다. 시야 확보는 힘들고 자동차 헤드라이트도 떨어지는 화산재를 관통하지 못한다. 공기 중의 화산재가 비행기 엔진으로 들어가면 작동을 멈출 수도 있다.

백두산의 분화 기록을 분석해보면, 북풍이 부는 겨울철에 폭발한 빈도가 40퍼센트로 매우 높았다. 가장 큰 피해를 보는 산업은 농림수산업으로 4조 5189억 원 정도의 피해가 예상된다. 강원도와 경상북도에는 화산재가 최고 10.3센티미터 정도 쌓이며 제주공항을 제외한 국내 모든 공항은 최장 39시간 폐쇄된다.[3] 기상 조건에 따라, 최악의 경우 항공기 결항 사태가 두세 달까지 이어질 수도 있다. 2010년 4월 아이슬란드 화산 폭발 당시, 여행객 수백만 명의 발이 묶이고 항공편 수천 대가 운항 중지되면서 약 47억 달러(한화 약 5조 원)의 경제적 피해가 발생했다.

반도체 산업은 항공 운송이 특히 더 중요하므로 백두산 화산 폭발로 인해 더욱 큰 피해가 예상된다. 미세공정 산업 특성상 독성의 화산가스가 함유된 초고농도 미세먼지가 발생하면 생산에도 큰 차질이 발생할 것이다. 2020년 대한원격탐사학회지에 발표된 논문 〈백두산 분화 Worst-case로 인한 우리나라 초미세먼지(PM2.5) 영향분석 및 노출평가〉에 따르면 백두산 분화 31시간 후 초미세먼지(PM2.5)가 서울에 도달하고 38시간 후 농도가 2만 4547$\mu g/m^3$로 최고치를 기록했다. 최악의 경우 백두산이 분화했을 때 초미세먼지 '매우 나쁨' 기준선(76$\mu g/m^3$)의 320배가 넘는 먼지가 몰려온다는 의미다. 반도체 산업은 미세먼지 농도가 높아지면 제품 생산 시 불량률이 증가할 수 있어 공장 가동 중단이 예상된다. 백두산 분화로 발생한 미세먼지가 우리나라에서 물러나는 데는 최소 50시간이 걸린다고 한다. 화산재는 직경 0.2밀리미터 이하의 미세입자여서 첨단 장비 내부에 침투하면 쉽게 제거되지도 않으며 유해 물질도 상당량 포함하고 있을 수 있다.

그래서 일본에서는 화산 폭발 위험 지역에 정밀기계 제조업을 유치하기 힘들다.[4] 반도체를 제조하는 클린룸은 대기 중 먼지 농도를 1세제곱피트당 먼지 10개 이하로 유지해야 한다. 이를 위해 고효율 필터를 사용해 공기를 순환시켜주는 것이 중요하다. 화산재와 초미세먼지가 온 지역에 가득하면 필터를 자주 교체해야 하며 청정도도 낮아진다. 오존경보가 높으면, 생산 수율(동일한 원재료를 투입했을 때 제품이 생산되는 비율) 역시 낮아진다. 화산 폭발이 일어난 시기에는 한국에서 생산된 반도체의 신뢰도가 떨어질 수밖에 없다. 또한 젖은 화산재가 송전선에 닿으면 전력 공급이 중단되거나 불안정해질 수 있으며, 모든 종류의 수출입에 지장이 생기면서 반도체 생산에 차질이 발생한다. 물론 물가 상승도 피할 수 없다. 여기에 더해 생산 시설에서 근무하는 직원들의 피해도 고려해야 한다. 화산재가 인체로 들어가 규폐증 등 호흡기 질환을 일으킬 위험도 크기 때문이다. 그 외에도 도로 마비, 생태계 교란, 토양 황폐화가 발생할 수 있다. 전문가들은 백두산 폭발이 현실화된다면 파생 피해가 2년 이상 소요될 것으로 추정된다.

북한이 흔들리면,
코리아 디스카운트 심화

백두산 화산 폭발은 당연히 북한에 더욱 치명적이다. 그러나 북한의 체제 붕괴 역시 코리아 디스카운트가 심화되는 또 다른 요인이므로 한국 반도체 산업에 악영향을 미친다.

폼페이는 79년 베수비오 화산 폭발로 하루 만에 멸망했다. 아이슬란드는 1783년 라키 화산 폭발로 주민의 20퍼센트가 사망했고, 분출된 화산재로 인해 대기권의 태양열이 차단되어 몇 년간 유럽 전역에 저온 현상이 발생했다. 인도네시아에서는 1815년 숨바와섬에 위치한 탐보라 화산이 VEI-7 규모로 폭발했다. 이는 인류 역사상 가장 강력한 화산 폭발로 그 결과 1만에서 1만 1000명이 즉시 사망하고, 기근과 전염병으로 10만 명의 희생자가 발생했다. 동인도회사 직원들의 기록에 따르면 150억 톤의 화산재가 인도네시아 전역을 3센티미터 두께로 뒤덮었으며, 분화구에서 1,000킬로미터 떨어진 곳에서도 대포 소리로 착각할 정도로 큰 분출음이 들렸다고 한다. 이 사건으로 세계 연평균 기온이 5도 이상 급강하하였고, 1816년 유럽은 '여름이 없는 해the year without a Summer'였다는 기록이 남아 있을 만큼 이상 기후 현상이 발생했다.[5]

이뿐만이 아니었다. 갑작스러운 혹한과 단기적인 폭우, 여름에 내리는 눈과 서리는 대흉작으로 이어지며 곡물 생산량이 급감했다. 세계 곳곳에서 식량난으로 인한 시위와 폭동이 끊이지 않았다. 1980년 미국 워싱턴주 세인트헬렌스산에서 일어난 VEI-5 규모의 화산 폭발 역시 그에 못지않은 피해를 입혔다. 이 폭발로 57명이 목숨을 잃고, 서울 면적과 맞먹는 숲과 생태계가 파괴되어 지금까지도 완전하게 복원되지 않았다.

만약 백두산이 VEI-6~7급의 폭발이 일어날 경우 북한 주민의 최소 3분의 1이 피해를 입을 것이고, 오랜 경제난으로 위기 대응 능력이 부족한 북한은 VEI-5급의 폭발만으로도 앞으로 수십 년 동안 생태계 복원이 어려울 것이다. 강하화산재는 비처럼 내리고, 화산재 분화 말기에는 산불이 발생해 주변 산지를 태울 것이다.

백두산은 높이가 해발 2,744미터에 달하며, 천지는 구형인 칼데라호다. 백두산 천지의 면적은 9.18제곱미터로 무려 여의도의 약 세 배 크기다. 이곳에 담긴 물의 용량은 소양강댐 담수량의 70퍼센트 수준인 20억 4000만 세제곱미터에 이른다. VEI-6 이상의 대폭발이 일어났을 때 마그마가 급랭하면서 엄청난 양의 화산재를 발생시키는 이유도 바로 천지에 담긴 물의 양 때문이다.

946년 백두산 대폭발 당시 화산재가 남한 전체에 1미터 높이로 쌓일 만큼 분출되었다. 백두산 주변에는 수십 미터, 동해 바닷속에도 약 10센티미터 두께로 쌓일 정도였다. 일부는 일본 쿠릴열도까지 도달했으며 지금도 홋카이도와 혼슈 북부에서 그때의 화산재가 5센티미터 이상 쌓였던 흔적이 발견된다. 심지어 그린란드 빙하에서도 백두산 화산재 흔적이 관찰되기도 했다.

천지 내에서 흘러넘친 물은 대홍수도 발생시킨다. 1985년 콜롬비아 네바도델루이스산이 폭발하면서 만년설이 녹아 5만 명의 희생자를 낳았다. 대홍수 영향을 받는 지역은 화산체 파편과 화산재가 동반된 '라하르Lahar'라 부르는 토석류, 화산이류 등에 잠기면서 토지가 황폐화된다. 북한의 도로·댐·전기·광산 등이 마비되고, 생태계 파괴, 호흡기 질환, 식수 오염도 함께 발생한

코리아 디스카운트 Korea discount
한국에서 발생하거나 발생 가능성이 있는 여러 요인으로 인해 한국 상장 기업의 가치가 유사한 외국 기업에 비해 저평가되는 현상을 말한다. 2000년대 초부터 관찰된 이 현상은 현재까지 계속되고 있다. 그 원인으로는 기업의 지배구조와 낮은 배당률, 정부의 정책과 제조 중심의 산업 구조 및 남북한 대치 상황까지 정치·경제·사회·외교 등 여러 분야에서 찾아볼 수 있다.

다. 백두산이 폭발하면, 북한은 최악의 식량난을 피할 수 없다.

북한 김정은 체제가 붕괴할 가능성이 커지면, 한반도의 안보를 바라보는 세계 시장의 불안감은 더욱 증폭될 것이다. 한국 기업에 대한 신뢰도 또한 하락해 코리아 디스카운트가 더욱 심화될 수밖에 없다.

반도체 산업을 위협하는 코리아 디스카운트는 현재까지도 계속되고 있다. 급격하게 발전해온 한국의 경제는 여러 위기를 거쳤음에도 계속 우상향하고 있지만, 이러한 상황 역시 코리아 디스카운트의 요인이 되는 아이러니를 보여준다. 분단 상황에서 백두산 폭발이나 북한의 붕괴가 우리의 위협이 된다는 것이 황당하게 들릴 수도 있겠지만, 반도체 산업과 한국의 경제를 위협하는 뜻밖의 미래는 언제나 그렇듯 당연하게 찾아오지 않을 것이다.

4장

미국의 달러 패권이 흔들린다

달러 붕괴와
미국 정부 디폴트 선언

2025년 3월, 중국 금융시장에서 미국 국채 매물이 1조 달러 가까이 쏟아지며 미국 정부가 디폴트 선언을 한다. 지급 여력이 없는 트럼프 행정부가 역사상 첫 파산 결정을 내린 것이다. 중국이 미국 국채를 전격 매각한 이유는 트럼프 정부가 최근 디커플링을 넘어 대중국 무역을 단절하기로 결정한 데 따른 것이다. 바이든 정부는 실리를 위해 중국과 디커플링에서 디리스킹으로 관계를 개선하기 위한 노력을 기울였는데, 트럼프의 재집권이 시작되면서 미국 정부가 대중국 관세율을 60퍼센트로 조정하겠다고 발표했기 때문이다.

미국 정부 부채는 무려 34조 달러(한화 약 4경 4000조 원)에 달한다. 그럼에도 미국 국채는 전 세계에서 가장 안전한 자산으로 인식되었다. 그 힘은 '기축통화'인 미국 달러에서 나온다. 기축통화란 국제무역과 금융에서 지배적인 화폐단위를 의미한다. 달러는 미국이 세계 경제를 지배하는 가장 강력한 무기라는 의미로 '달러 패권'이라고도 불린다.

국제사회에서 기축통화국의 지위를 얻으면, 국제 화폐의 기준 혹은 표준이 되면서 따라오는 이득도 막대하다. 기축통화의 지위는 경제적·정치적 영향력을 행사하는 밑바탕이 되기 때문이다. 역사적으로 기축통화국이 대체로 패권국가 지위도 함께 가졌던 것이 그 이유다.

우리의 네 번째 시나리오는 기축통화로 사용되는 달러의 가치가 붕괴되고 미국 정부가 파산을 선언하는 상황이다. 디폴트는 채무자가 빌린 돈을 정해진 기간 안에 갚지 못하는 상황이고, 모라토리엄은 국가가 파산하면 공권력을 행사해 일정 기간

채무 이행을 연기하거나 유예하는 선언이다. 이런 상황이 벌어지면, 달러 가치의 대폭락뿐 아니라 국제무역과 금융시스템 전체에 대혼란이 발생한다. 이는 반도체 시장을 비롯한 모든 산업과 전 세계 시장에 영향을 미친다. 이유가 무엇일까? 그 이유를 알려면 기축통화의 역할을 먼저 알아야 한다.

달러는 어떻게 제1 기축통화가 되었나

전 세계 국가는 자국의 고유한 화폐단위를 갖고 있다. 국가 간 무역 및 금융 거래 시 화폐는 적정한 비율로 교환되어야 하는데, 이때 결제와 거래의 기본이 되는 화폐를 '기축통화'라고 한다. 오늘날 가장 많이 통용되는 제1 기축통화는 미국의 달러화지만 1차 세계대전(1914~1918년) 이전에는 영국의 파운드화가 강력한 기축통화였다. 미국 달러는 1차 세계대전 이후 기축통화로 사용되다가 2차 세계대전(1939~1945년) 이후부터는 이를 무기 삼아 세계 패권국의 지위를 차지하게 되었다.

기축통화국이 되려면 강력한 경제력과 군사력, 정치적 안정

성, 국내 정세에 흔들리지 않는 화폐가치의 안정성을 갖추어야
한다. 발전된 금융시스템과 선진화된 금융시장도 필수이고, 다
수의 국가와 연계된 네트워크도 갖춰야 한다. 이런 조건을 갖춘
국가에서 통용되는 화폐라면 무엇이든 기축통화로 사용할 수
있다. 이에 따라 1960년대까지는 달러화와 파운드화가 기축통
화였지만, 오늘날에는 미국 달러화, 엔화, 유로화 등이 기축통
화로 사용된다.

미국 달러가 제1 기축통화의 지위에 오른 것은 1944년 브레
턴우즈체제Bretton Woods System가 발족하면서부터다. 2차 세계대
전 막바지인 1944년에 44개 연합국 대표들은 미국 뉴햄프셔주
브레턴우즈에 모여 새로운 국제통화제도를 구축하는 데 합의
했다.

이 회의에서는 미국 달러를 기준으로 금 1온스(약 28.35g)당
35달러에 고정해 각국의 통화가치를 안정화하기로 결정했다.
이에 각국은 달러를 대외준비자산으로 보유하고 미국은 다른
나라가 보유한 달러에 대해 금태환(금본위제도에서 화폐를 제시
해 금과 화폐를 교환하는 것)을 보장하며, IMF를 설립해 각국의
고정환율에 조정이 필요한 경우 협의해 변경하도록 했다. 또한
전후 부흥과 개발도상국 발전을 위해 국제부흥개발은행IBRD을
창설하는 문제도 합의했다.

이전까지 제1 기축통화로 사용되던 영국 파운드화는 1914년 1차 세계대전이 발발하기 전까지 전 세계 외환 보유액의 48퍼센트를 차지했으며, 세계 무역의 60퍼센트가 파운드화로 거래되었다. 하지만 두 번의 세계대전을 치르면서 영국 경제가 급속하게 쇠퇴하자 파운드화는 더 이상 기축통화의 지위를 유지하기 어려워졌다.

반면 미국은 산업혁명에 성공하면서 경제와 기술이 비약적으로 발전했고, 1, 2차 세계대전 승전국 가운데 피해가 적은 편이었다. 오히려 전쟁을 치르면서 각종 군수물자의 보급과 빠른 전후 복구로 호황을 누렸다. 그림 4-1은 1790~2000년까지 약 200년간 미국의 경제성장률 변화를 나타낸 것으로 두 번의 세계대전 기간에 미국 경제성장률은 사상 최고치를 경신했다.

미국은 당시 세계 금 보유고의 80퍼센트를 소유하고 있었기 때문에 브레턴우즈체제에 서명한 국가들은 미국의 지급 능력을 신뢰하고 달러를 '금의 대리인'으로 인정했다. 미국은 막대한 달러 유동성을 바탕으로 자국 통화를 세계 경제에 공급함으로써 전후 유럽의 재건을 도왔다.

2차 세계대전 이후 국제 거래의 중심 통화로 부상한 달러는 전 세계 외환 보유액 비중의 85퍼센트까지 차지했다. 그림 4-2는 제1 기축통화로써 달러의 위상이 변화하는 과정이다.

그림 4-1 미국의 경제성장률 변화

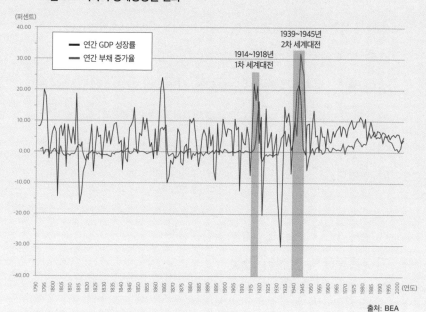

(퍼센트)

연간 GDP 성장률
연간 부채 증가율

1914~1918년
1차 세계대전

1939~1945년
2차 세계대전

(연도)

출처: BEA

그림 4-2 미국 달러의 글로벌 준비통화 점유율

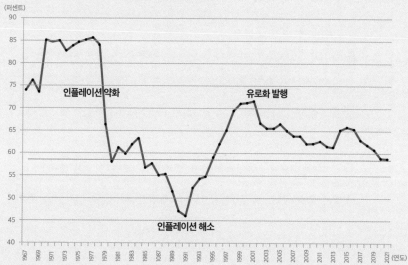

(퍼센트)

인플레이션 약화

유로화 발행

인플레이션 해소

(연도)

출처: IMF

하지만 2023년 11월 기준, 전 세계 은행 간 송금망인 국제은행간통신협회SWIFT 자료에 따르면, 국제무역시장에서 미국의 달러화 결제 비중은 47.08퍼센트까지 감소했다. 유로화는 22.95퍼센트, 영국 파운드화는 7.15퍼센트, 그 뒤를 일본 엔화와 중국 위안화가 차지했다. 여전히 달러의 결제 비중이 가장 높지만 2017년까지만 해도 60퍼센트를 차지하던 것에 비해 하락 추세인 셈이다.

기축통화국의 장점과 단점

그렇다면 달러가 기축통화이기 때문에 미국이 누리는 장점으로는 어떤 것들이 있는지 살펴보자.

첫째, 기축통화는 환율 평가의 지표로 사용된다.

둘째, 환전 수수료가 필요 없다.

셋째, 국제무역결제에서 가장 많이 사용되므로 자본거래 시 편리하다.

넷째, 세계 각국이 대외준비자산(다른 나라와의 교역에서 결제에 사용할 수 있는 수단으로 금, 외환, IMF의 특별인출권 등 포함) 목적으로 기축통화를 다량 보유한다.

다섯째, 기축통화 자체가 대외준비자산이기 때문에 외환위기가 발생하지 않는다.

여섯째, 기축통화국은 외환보유고를 충분히 비축해둘 필요가 없다.

일곱째, '시뇨리지 효과seigniorage effect'를 얻는다. 시뇨리지 효과란 중세시대 봉건영주인 시뇨르seigneur가 화폐 발행으로 이익을 챙긴 데서 유래한 말이다. 옛날에는 왕이나 황제가 화폐 주조로 이익을 얻었지만, 현대에는 '중앙은행'이나 '정부'가 그 이익을 독점한다. 한국은 화폐 발행으로 얻는 이득이 원화가 통용되는 국내에 한정되지만 기축통화를 발행하는 미국은 전 세계적인 시뇨리지 효과를 얻는다.

여덟째, 기축통화국은 재정 적자가 발생하더라도 국채 발행이 수월하다. 언제든 채권을 발행할 수 있기 때문에 글로벌 경제위기가 닥쳐도 자금 조달이 쉽다. 달러뿐만 아니라 달러 표시 자산 매수에 대한 전 세계 중앙은행들의 매수도 늘어나기 때문이다.

아홉째, 강력한 통화의 힘으로 경제위기 시에도 통화정책을 주도한다. 오히려 글로벌 경제위기가 발생하면 제1 기축통화의 가치가 상대적으로 상승하므로 외부에서 자금 유입이 커지면서 증시나 채권시장도 빠르게 위기를 극복한다. 이에 따라 실물시장도 경기를 회복한다.

마지막으로 기축통화국이 되면 글로벌 금융 흐름을 좌우할 힘이 생긴다. 기축통화국의 기준금리를 인상하거나 인하하면 다른 나라들도 따라서 금리를 올리거나 내려야 한다.

제1 기축통화국이라고 해서 장점만 있는 것은 아니다. 제1 기축통화국은 화폐를 대량으로 발행해 전 세계 무역과 금융거래 시장이 원활하게 돌아가도록 해야 한다. 하지만 화폐 발행량을 늘리면 다음과 같은 세 가지 단점이 발생할 수 있다.

첫째, 화폐량이 늘어난 만큼 액면가치가 하락한다.

둘째, 자국에서 거래되는 상품가치가 상승하면서 인플레이션율이 상승한다.

셋째, 화폐 구매력(통화의 액면가치)이 하락하면서 수입액이 늘어나 경상수지 적자 가능성이 높아진다.

이 세 가지 단점이 누적되면 기축통화국의 경제와 금융시스템에 치명적 약점이 될 수도 있다.

기축통화의 함정,
트리핀 딜레마 현실화되나

달러를 과잉 발행하면 화폐가치에 대한 신뢰도가 하락한다. 그러나 기축통화국의 지위를 유지하려면 경상수지 적자가 발생하더라도 달러 발행량을 줄일 수 없다. 반면에 달러 가치의 신뢰도를 유지하기 위해 유동성을 축소하면 국제 교역과 자본 흐름에 부정적인 영향을 주어 다시 기축통화에 대한 신뢰도를 떨어뜨릴 수 있다. 기축통화국이 빠지는 이런 곤란한 문제를 '트리핀 딜레마Triffin's Dilemma'라고 한다.

그림 4-3 트리핀 딜레마[1]

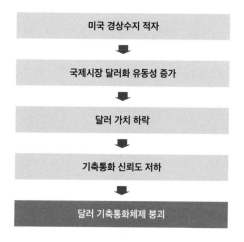

그림 4-4 브레턴우즈체제 폐지 이후, 달러 가치 변화와 경상수지 적자 추이

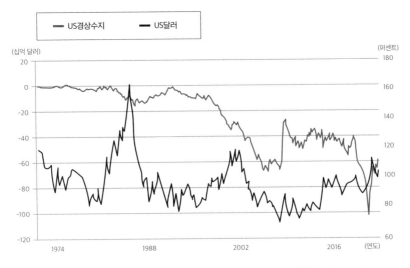

출처: tradingeconomics.com

이 용어는 미국의 경상수지 적자가 심각해진 1960년, 예일대학교 경제학과 교수인 로버트 트리핀이 제시한 것이다. 당시 그는 브레턴우즈체제는 기축통화라는 구조적 모순을 안고 있다며, 미국 의회에 출석해 다음과 같이 발언했다.

"미국이 경상수지 적자를 막기 위해 국제 유동성 공급을 중단하면 세계 경제는 크게 위축될 것이다. 그러나 경상수지 적자를 방치하고 달러를 과잉 공급하면 달러 가치가 하락해 준비자산으로서의 신뢰도가 하락하고 고정환율제도가 붕괴될 것이다."

기축통화국이 '트리핀 딜레마'에 빠지면 결국 막대한 경상수지 적자를 감내하고 화폐 발행량을 늘릴 수밖에 없다. 이로써 경상수지 적자 증가, 정부 부채 증가, 화폐가치 하락이라는 악순환이 반복되면 심각한 경제적 위기가 발생했을 때 철옹성 같던 기축통화국의 지위도 무너질 수 있다.

1970년대 초 트리핀 딜레마는 현실로 나타나 브레턴우즈체제가 붕괴되었다. 이 과정에 대해서는 다음 단락에서 자세히 다루겠지만 그림 4-4에서는 1971년 브레턴우즈체제 폐지 이후 미국의 경상수지 적자 추이를 살펴보도록 하자. 당시 미국은 막대한 규모의 달러를 찍어내면서 달러 가치를 평가절하했고 그만큼 경상수지 적자도 폭증했다.

1, 2차 달러 붕괴 위기와
스미스소니언 협정

트리핀 교수의 예측은 사실이었을까? 그림 4-5는 구매력 기준으로 달러화 가치의 변화 추이를 살펴본 것이다. 그림에 두 번의 달러 붕괴 위기 시점을 표시해두었다.

첫 번째 위기는 브레턴우즈체제 이전 1차 세계대전 직후에

그림 4-5 달러의 가치 변화 추이(달러 구매력 기준)

(달러)

1933년 미국 금본위제 폐지
(루스벨트 대통령)

1971년 브레턴우즈체제 폐지,
달러의 제1 기축통화 위기
(닉슨 대통령)

1945년 미국-사우디
석유와 안보 교환 약속
(루스벨트 대통령)

달러 붕괴
1차 위기

1975년 페트로 달러
제1 기축통화 위기 탈출
(닉슨 대통령)

1944년 브레턴우즈체제,
제1 기축통화 확립
(루스벨트 대통령)

달러 붕괴
2차 위기

출처: observationsandnotes.blogspot.com

달러 유동성의 폭증과 금본위제 폐지로 발생했다. 미국은 1차
세계대전이 벌어지자 전쟁 비용을 충분히 마련하기 위해 달러
유동성을 크게 늘렸다. 전쟁에서는 승리했지만, 1929년 대공황
이 발생해 미국 경제가 붕괴했고 달러 신뢰도는 추락했다. 다우
지수는 대폭락했고, 그 여파는 순식간에 전 세계 주식시장으로
번졌다. 미국과 유럽 각지에서 연쇄 파산이 일어났으며, 미국을
비롯한 선진국들은 대공황을 극복하기 위해 강력한 보호무역
조치를 실시했다. 1932년 미국 대선에서 당시 대통령이었던 허
버트 후버를 누르고 당선된 프랭클린 루스벨트는 추락하는 미

국을 구원하기 위해 뉴딜 정책을 시행했다. 그는 재임 첫 100일 동안 연방 입법을 주도하며 경제 활동에 적극적으로 개입하고, 실업자와 농부 들의 구제책을 마련하는 등 경기 부양을 위해 막대한 달러를 지출했다.

하지만 당시 미국은 금본위제를 채택하고 있었기 때문에 화폐와 교환할 수 있는 금을 보유해야 유동성을 늘릴 수 있었다. 1933년, 루스벨트 대통령은 금의 사적 소유를 금지하고 금본위제를 폐지하는 조치를 단행했다. 그러자 경제 회복으로 어렵게 끌어올린 달러 가치는 다시 추락했다. 미국이 금본위제를 포기하자 국제통화체제는 외환의 수요와 공급에 따라 환율이 자유로이 변동되는 변동환율제도로 전환했다.

이런 환경에서 세계 경제는 걷잡을 수 없이 혼란스러워졌다. 각국 통화가치는 변동성이 커졌고, 보호무역주의가 난무했으며, 관세장벽은 갈수록 높아졌다. 수입할당제, 수입허가세 등 비관세 수단에 따른 무역 규제도 나타났다. 각국은 경쟁적으로 환율을 평가절하했고, 영국, 스칸디나비아, 포르투갈, 일본을 중심으로 하는 파운드블록, 아메리카 대륙 국가를 중심으로 한 달러블록 같은 각종 블록들이 새로운 장벽을 형성했다. 인플레이션과 투기가 극심해졌고, 글로벌 경기침체가 장기화되었다. 설상가상으로 1939~1945년 동안 2차 세계대전이 발발했다. 미국은 달러 유동성을 한 번 더 끌어올렸다. 결국 1914~1943년 사이 30년 동안 달러 가치는 반 토막이 났다. 달러 붕괴는 초읽기에 들어가는 듯했다.

1944년, 루스벨트 대통령은 달러 붕괴 위기를 막고 국제시장에서 통화체제를 안정화하기 위해 브레턴우즈에서 달러를 기축통화로 하는 고정환율제도를 도입했다. 미국은 1945년 사우디아라비아와 석유 및 안전보장을 교환하기로 약속하며 동맹을 맺는다. 이런 일련의 극약처방으로 미국은 가까스로 1차 달러 붕괴 위기를 모면하게 되었다.

브레턴우즈체제는 1950년대까지는 잘 운영되었다. 그러나 1950년대 말부터 미국 경제는 정체기에 빠졌다. 경상수지도 만성적인 대규모 적자 상태가 심화되었다. 앞에서 설명한 '트리핀 딜레마'에 빠진 것이다.

1964년, 미국이 베트남과 전쟁을 벌이면서 2차 달러 붕괴 위기가 수면 위로 부상했다. 미국은 베트남 전쟁에 필요한 자금 공급을 위해 달러를 대량으로 발행했다. 이러한 달러 유동성의 증가는 곧바로 신뢰성 문제 제기로 이어졌다. 브레턴우즈체제 도입 초기에는 회원국들이 미국 달러가 '금의 대리인'임을 의심하지 않았다. 그러나 1960년대 미국의 금 보유고는 전 세계 금의 절반 이하로 줄어든 반면, 1971년 달러의 통화량은 10퍼센트나 늘어났다. 달러 가치가 하락하자 서독은 그해 5월 브레턴우즈 체제를 탈퇴했고, 다른 나라들도 동요했다.

달러의 위험성을 직감한 스위스와 프랑스, 스페인이 달러를 금으로 바꿔가자 미국의 금 보유고는 또 한 번 크게 줄어들었다. 곧이어 스위스 역시 브레턴우즈체제를 탈퇴했다. 급기야 1971년 8월 9일 영국 재무부가 30억 달러의 금태환을 요구했을 때, 미국 정부는 국가 부도 사태를 우려해 이를 거부했다. 미국의 닉슨 대통령은 1971년 8월 15일 금태환을 중단하며 일방적으로 브레턴우즈체제를 파기했다. 달러 가치는 더욱 폭락했고 국제금융시장은 대혼란에 빠졌다. 이날의 발표를 일컬어 '닉슨 쇼크Nixon Shock'라고 한다.

다급해진 닉슨 행정부는 1971년 12월에 워싱턴에 있는 스미스소니언 박물관에 주요 10개국 재무장관들을 불러모았다. 이 자리에서 사실상 파기된 브레턴우즈체제를 수정해 '스미스소니언 협정Smithsonian agreements'이라는 새로운 국제통화 조정 협정을 체결했다. 이 협정은 '금태환 정지로 붕괴된 고정환율제도를 복원한다'는 내용이 핵심이다. 주요 내용은 다음 세 가지로 정리해볼 수 있다.

첫째, 고정환율체제를 유지하되 각국 통화 간의 비율은 평가 또는 기준율에 따른다.

둘째, 금 1온스당 달러 가치를 35달러에서 38달러로 7.895퍼센트 절하하고 이에 따라 다른 화폐 역시 평가를 재조정한다.

셋째, 변동환율 폭은 위아래 2.25퍼센트까지 확대한다.

하지만 스미스소니언체제만으로는 달러 가치 붕괴 위기가 완전히 해결되지 않았다. 설상가상으로 1973년에는 1차 오일쇼크가 발생했다. 1973년 10월 6일부터 시작된 4차 중동전쟁은 같은 해 10월 17일부터 석유전쟁으로 비화되었다.

오일쇼크와 페트로 달러, 변동환율제의 킹스턴체제 출범

중동전쟁에서 패한 아랍권 국가들은 석유 카르텔인 OPEC을 설립하고 미국을 비롯한 서방국가들의 이스라엘 지원에 반발했다. 그리고 1973년 10월 17일 페르시아만에 위치한 여섯 개 산유국들은 일제히 석유 감산과 이에 따른 가격 인상을 주도했다. 1973년 초에 배럴당 2.9달러였던 원유(두바이유) 고시가격은 순식간에 4달러를 돌파했고, 1974년 1월에는 11.6달러까지 올랐다. 2~3개월 만에 무려 네 배나 폭등한 것이다.

1차 오일쇼크 이전에 중동 국가들은 원유 수출 중단을 전략 무기로 사용한 적이 있었다. 하지만 그때는 수출 중단이 오히려 패착이었다. 강력한 조치였지만, 원유 생산 후 폐공에 큰 비용이 들었을 뿐 아니라 이란, 아프리카, 인도네시아, 미국 등 다른 산유국들이 증산으로 맞대응하면서 막대한 피해를 입었기 때문이다. 이런 역사에서 교훈을 얻은 사우디아라비아는 4차 중동전쟁에서는 5퍼센트 감산 전략을 선택했다. OPEC 회원국의 참여율이 높아지면서 사우디아라비아는 석유전쟁의 승기를 잡았고, 뒤이어 베네수엘라, 소련도 원유 가격 상승에 동참했다. 전 세계 경제는 2차 세계대전 이후 가장 심각한 불황에 직면했다.

하지만 오일쇼크는 미국에 기회였다. 1975년, 닉슨 대통령은 헨리 키신저 국무장관을 비밀리에 사우디아라비아로 보냈다. 당시 사우디아라비아는 석유 생산량 1위이자 중동 산유국의 수장 역할을 맡았는데, 키신저는 사우디아라비아 국왕과의 면담으로 원유 결제에 미국 달러만을 사용한다는 데 합의했다. 그러자 영국 파운드화는 원유·가스 시장에서 가치가 급락했고, 반대로 미국 달러화는 원유 무역 패권을 장악하기 시작했다. 이 '페트로 달러' 협약으로 달러는 다시 한번 기사회생했다.

1976년 11월, 미국은 자메이카 수도 킹스턴에서 열린 IMF 잠정위원회에서 각국이 자유롭게 환율제도를 선택하기로 했다. 일명 '킹스턴체제Kingstone system'가 출범되었다. 킹스턴체제 이전에는 각국 환율이 금이나 달러에 고정되어 있었지만 이 체제 이후 각국은 자신들의 경제 여건(경제 규모, 교역량, 대외 의존도, 외채 규모 등)에 따라 환율제도를 자유롭게 채택할 수 있다.

하지만 미국이 킹스턴체제에 합의한 진짜 목표는 달러와 금의 관계를 완전하게 끊는 것이었다. 미국은 페트로 달러로 달러의 안정적 수요를 확보하는 동시에 금 보유량과 상관없이 달러를 무한정 찍어내는 환경도 만들었다. 킹스턴체제에는 환율 조작을 목적으로 각국 정부가 외환시장에 개입하는 것을 금지하는 조항도 있다. 하지만 외환시장 개입 여부를 판단하는 데는 미국의 입김이 가장 셌다.

그림 4-6을 보자. 페트로 달러 협약 이후 달러 발행량은 증가세였고, 그만큼 달러 구매력(명목가치)도 계속해서 하락해 왔다. 하지만 두 번의 극적인 위기 극복과 국제사회에서의 수요 증가로 달러화는 붕괴되지 않고 휴지 조각 신세를 면했다. 그 덕분에 34조 달러라는 전 세계에서 가장 많은 부채를 가진 미국 정부의 파산(모라토리엄) 사태도 '아직' 일어나지 않고 있다.

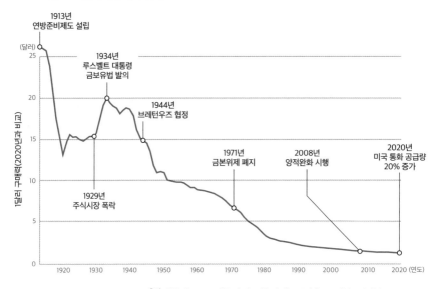

그림 4-6 달러의 구매력 변화

1913년
연방준비제도 설립

1934년
루스벨트 대통령
금보유법 발의

1944년
브레턴우즈 협정

1971년
금본위제 폐지

2008년
양적완화 시행

2020년
미국 통화 공급량
20% 증가

1929년
주식시장 폭락

출처: BLS-Consumer Price Index, Morris County Library of Historic Prices

나는 미국이 앞으로도 최소 30년 이상 기축통화국 지위를 유지할 가능성이 매우 높다고 예측한다. 그럴 경우 미국은 대항해시대 이후 가장 오랫동안 기축통화국 지위를 유지한 나라가 된다. 동시에 달러화 붕괴와 함께 미국 정부의 파산 사태도 언제든지 일어날 수 있는 미래다. 현재 미국은 러시아-우크라이나 전쟁, 이스라엘-하마스 전쟁을 후방 지원한다. 미국이 두 전쟁에 직접 참전하진 않지만 막대한 전쟁 비용을 지원하고 있다. 그만큼 달러 발행이 급증했다는 뜻이다. 그럴수록 달러 신뢰도가 하락해 경상수지 적자도 늘어나고, 트리핀 딜레마가 작동할 가능성도 커진다.

이렇듯 출혈이 누적된 상황에서 미국이 대만을 두고 중국과 전면전을 벌인다면, 세 번째 달러 가치 붕괴 위기를 맞을 수 있

페트로 달러 Petro Dollar

중동 국가를 비롯한 산유국들이 원유를 수출함으로써 벌어들이는 오일머니를 말한다.

1974년 미국과 사우디아라비아는 미국이 사우디 왕실과 국가의 안보를 지원하는 대가로 오직 달러로만 원유 결제를 한다는 페트로 달러 협약을 맺었고, 이 협약 덕분에 달러는 기축통화로 완전히 자리잡게 되었다. 원유를 달러로만 구매할 수 있게 되면서 세계 각국은 원유를 구입하기 위해 엄청난 양의 달러를 반드시 보유해야 했기 때문이다.

그러나 최근 몇 년 동안에는 일부 국가에서 유로화, 위안화 등 달러 외의 통화로 석유 가격을 책정하기 시작하면서 국제 결제 수단으로써의 달러 패권이 흔들리고 있다는 전망도 나온다. 2023년 2월, 중국의 시진핑 주석이 사우디아라비아의 빈 살만 왕세자와 만나 원유 거래 시 위안화 사용을 공식적으로 요청했다. 미국에서 셰일가스가 나오면서 중동 지역의 중요성이 줄어들자 사우디아라비아에서는 미국이 중동의 안보 문제에 힘쓰지 않는다는 불만이 나오고 있고, 바이든 정부와 사우디아라비아 사이의 관계가 틀어지면서 사우디아라비아가 원유 수출 최대 고객인 중국의 제안에 긍정적으로 반응할 가능성이 커지고 있다.

다. 설령 그때도 위기를 피해 가더라도 트리핀 딜레마가 크게 작용하면서 달러화의 신뢰도가 추락하게 될 것이다. 이런 상황에서 추가 결정타가 날아들면, '달러 가치 붕괴와 미국 정부의 파산 선언 시나리오'는 현실이 될 수 있다. 나는 이 결정타를 두 가지로 예측한다.

달러 가치 붕괴와
미국 정부의 파산 선언 시나리오

달러는 미국의 생명줄이다. 이 생명줄을 단번에 끊어버릴 두 가지 결정타는 무엇일까? 첫 번째는 사우디아라비아가 미국과 맺은 페트로 달러 협약을 완전 파기하는 것이다. 두 번째는 페트로 달러 파기 선언에 맞춰서 중국이 미국 채권을 대량 매도하며 공격하는 것이다.

러시아가 우크라이나를 침략한 이후 미국은 우크라이나에 1100억 달러(한화 146조 4210억 원) 이상의 자금을 지원했다(2023년 9월 기준).[2] 미국이 1965년부터 1975년까지 베트남 전쟁 동안 지출한 전쟁 비용은 현재가치로 환산하면 대략 1조 달러(한화 1333조 원)에 가깝다. 1차 세계대전 때 지출한 비용의 세 배, 한국전쟁 때 지출한 비용의 두 배가 넘는 규모다. 현대에는 전쟁 비용이 더 크게 늘어났다. 미국이 이라크 전쟁에 쏟아부은 돈은 베트남 전쟁 비용과 맞먹는다.

1775년 미국 독립전쟁부터 최근의 9·11 이후 테러와의 전쟁까지 미국의 군비 지출 규모를 분석한 자료를 보면, 미국이 일대일로 직접 전쟁을 벌인 경우에는 전쟁 기간 내내 매년 GDP 대비 2~4퍼센트대로 군비를 지출했다. 군사 강국과 전쟁을 벌일수록 비용은 더 늘어났다. 세계대전으로 확전된 경우에는 종전까지 매년 GDP 대비 10~30퍼센트대로 군비를 지출했다.[3]

만약 미국이 대만을 사이에 두고 중국과 전면전을 벌인다면 매년 GDP 대비 4~10퍼센트대까지 전쟁 비용이 늘어날 것이다. 미국의 2022년 GDP인 25조 5000억 달러 대비로 계산하면 매년 1조~2조 5500억 달러까지 지출하는 셈이다. 최근 4년 동안 미국 정부 부채는 매년 평균 2조 5000억 달러 내외로 증가했다. 즉, 전쟁 상황이 닥치면 이 정도의 추가 달러 유동성역시 증가해야 한다는 의미다. 부채도 그만큼 늘어난다.

이 상태에서 두 가지 결정타가 미국으로 날아들면 달러는 휴지 조각이 되고, 미국 주식시장과 채권시장은 붕괴된다. 사우디아라비아가 국제 원유 결제를 중국의 위안화나 러시아 루블화 등으로 바꾸고, 중국이 기회를 틈타 미국 국채를 시장에 전량 매도하면 미국의 달러 가치는 대폭락한다. 이런 공격은 미국이 러시아를 SWIFT에서 퇴출시킨 것보다 강력하다.

《월스트리트저널》은 러시아가 SWIFT에서 배제되면 경제성장률이 2퍼센트포인트 감소할 것으로 예측했다. 만약 페트로 달러가 파기되면 이는 일시적 경제성장률 감소에 그치지 않고 달러 패권의 붕괴를 촉발하는 방아쇠가 될 것이다. 미국 국채 가격은 순식간에 대폭락하고 금리는 치솟는다. 1980년대 후반~1990년대 초반까지 일본 경제 및 금융시스템이 붕괴될 때, 일본은 10년물 장기국채 금리를 6퍼센트포인트가량 인상했다. 러시아는 경제 및 금융시스템 붕괴 위기가 발생할 때마다 10년물 장기국채 금리를 10퍼센트포인트가량 인상했다.

그림 4-7은 미국의 주요 사건들과 미국 10년물 장기국채 금리 변동 추이를 비교한 것이다. 과거 사례를 분석할 때, 미국과 중국이 전면전을 벌이면 미국 10년물 장기국채 금리는 2~4퍼센트포인트 정도 상승할 가능성이 크다. 만약 미국 금융시스템이 붕괴된다면, 최소 10퍼센트포인트 이상 인상될 수 있다.

미국과 사우디아라비아 간의 페트로 달러 협약이 파기될 가능성은 얼마나 될까? 미국이 스스로 파기할 가능성은 매우 적다. 미국은 그동안 리비아, 이라크, 이란, 시리아, 베네수엘라, 북한 등 페트로 달러에 도전한 국가들을 강력하게 응징했다. 특

그림 4-7 미국의 주요 사건과 국채 금리 변화 추이

1978년 12월~1981년 1월
2차 오일쇼크

1971년
브레턴우즈체제 폐지,
달러 붕괴 위기

1989년~1992년
미국 부동산 버블 붕괴

1964~1972년
미국-베트남 전쟁

2003~2011년
미국-이라크 전쟁

1933년 미국
금본위제 폐지

1973년 10월~1974년
1월 1차 오일쇼크
(중동전쟁)

2000~2001년
닷컴 버블 붕괴

1939~1945년
2차 세계대전

2008~2009년
부동산 버블 붕괴

(퍼센트)

4.6145

(연도)

출처: FRED

히 리비아의 카다피나 이라크의 후세인은 유로화 원유 거래를
제안하며 미국에 반기를 들었다가 순식간에 제거당했다.

하지만 이 국가들보다 더 강력한 나라가 반기를 들 때는 상
황이 달라진다. 2018년 3월 26일, 중국 상하이선물거래소 산하
상하이 국제에너지거래소에서는 위안화가 표시된 원유선물거
래가 시작되었다. 일부 전문가들은 이 사건을 미중 패권 전쟁이
중대 국면을 맞이한 결정적 요인으로도 본다. 2022년 2월, 러시
아가 우크라이나를 침공하자 미국은 루블화를 SWIFT 시스템
에서 퇴출하겠다고 발표했다. 제재 계획이 발표된 직후 루블화
의 가치는 40퍼센트 대폭락했다. 러시아는 이에 맞서 기준금리

를 20퍼센트 인상한 다음, 2022년 3월 31일 러시아산 석유와 천연가스 결제에 루블화를 사용하지 않으면 공급을 중단하겠다고 선언했다. 페트로 달러 체제의 일부 붕괴다.

미국에게 최악의 상황은 사우디아라비아가 단독으로 페트로 달러 협약을 파기하는 것이다. 바이든 행정부가 들어서면서 미국은 인권 문제를 빌미로 사우디아라비아와 거리를 두었다. 사우디아라비아는 이런 모욕을 견디며 절치부심했다. 러시아-우크라이나 전쟁은 사우디아라비아가 미국에 자신의 가치를 증명할 전략적 기회였다. 러시아는 석유와 천연가스 결제에 루블화 사용을 선언하고, 중국은 석유와 천연가스 무역에서 위안화 결제를 확대하기 위해 위안화 국제결제시스템CIPS을 구축했다. 미국의 경제 제재를 받는 이란은 중국에 원유를 수출하면서 위안화로 결제하고 있다. 사우디아라비아도 중국으로 수출하는 원유 일부에 대해 위안화 결제 카드를 만지작거리기 시작했다. 이는 '페트로 위안' 체제의 탄생일 뿐 아니라 '페트로 달러'의 균열을 의미하기도 한다. 사우디아라비아가 변심할 기색을 보이자 바이든은 직접 빈 살만 왕세자를 찾아가 설득했다. 하지만 빈 살만은 바이든을 비웃으며 꿈쩍도 하지 않았다. 그는 유럽을 순방하며 자신들의 건재를 과시하고, 중동은 여전히 가치 있는 지역이라는 점도 강조했다.

많은 사람이 여전히 사우디아라비아가 미국을 버리고 중국 또는 러시아와 손잡을 수는 없다고 생각한다. 중동의 헤게모니 싸움에서 주도권을 쟁취하려면 미국과 손잡는 것이 유리하고, 사우디아라비아는 군사 안보 시스템 및 무기 체계에서 대미 의존도가 매우 높기 때문이다. 또 사우디아라비아는 미래를 준비하기 위해 다양한 국책 사업을 진행 중이다. 막대한 자금 조달을 위해 세계 최대의 석유생산회사인 사우디아람코Saudi Aramco를 미국 증시에 상장했다. 미국과 페트로 달러 협약을 파기하면, 사우디아라비아의 모든 기업이 미국 시장에서 퇴출당한다. 사우디아라비아가 이런 희생을 치르면서까지 무리수를 두지는 않을 것이다.[4]

하지만 세상에는 합리적 판단과 선택만 일어나지 않는다. 완벽한 예측은 없고, 불가능한 미래도 없다. 사우디아라비아가 미국과의 관계를 저버렸을 때 발생할 군사·안보·경제적 손해를 충당할 만한 제안을 중국이나 러시아가 한다면 미국과 사우디아라비아의 결별이 불가능한 것만은 아니다. 사우디아라비아는 전 세계 원유 거래량의 60퍼센트를 담당한다. 중국은 미국보다 서너 배 큰 석유 소비시장이다. 사우디아라비아가 러시아 또는 중국과 손잡으면, 글로벌 에너지 시장을 주도하는 미국을 쫓아 낼 수도 있다. 유럽에서 미국의 영향력도 급격하게 줄어들며 유

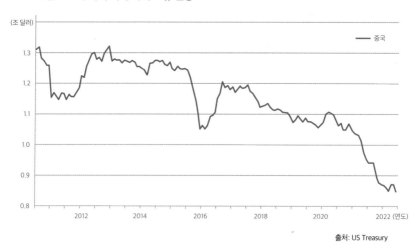

그림 4-8 중국의 미국 국채 보유 현황

(조 달러)

── 중국

출처: US Treasury

럽과 중동이 중국과 힘을 합치면 미국의 외교는 고립된다.

기축통화의 지위를 가진 달러 가치가 붕괴하면, 미국 채권시장과 주식시장은 반등의 기대마저 무너진다. 여기에 중국이 보유한 국채의 대량 매도가 이어질 경우 미국 투자시장의 붕괴를 가속화할 수 있다. 이에 대한 연쇄 작용으로 미국 내 은행은 줄줄이 파산한다. 미국 금융시스템 전체가 붕괴 위험에 빠지고, 이는 다시 미국 달러화의 붕괴를 촉진한다. 달러가 휴지 조각이 되면, 2022년 기준 GDP 대비 129퍼센트(33조 달러)나 되는 미국 정부의 부채 문제도 터진다. 미국 정부는 파산을 선언하고, 국민들은 패닉에 빠진다. 곳곳에서 약탈과 방화가 일어난다. 미국의 경제 대붕괴는 미국만의 문제로 끝나지 않고 북미, 남미, 유럽, 아시아 경제에도 충격을 퍼뜨린다. 전 세계는 경제 대국 2위인 중국에 손 내밀며 경제 위기 해결을 촉구한다. 중국 위안화의 가치는 폭등하고, 기축통화국의 지위를 맡아달라는 요청도 쇄도할 수 있다. 그럴수록 미국은 빠르게 가라앉는다. 영국이 1, 2차 세계대전 이후 미국에게 패권을 내준 것과 같은 상황이 벌어지는 것이다.

미국이 만약 달러 패권을 잃으면 이후에는 어떻게 대응할까? 미국이 오일쇼크 이후 사우디아라비아와 페트로 달러 협약을 통해서 달러 패권을 공고히 했던 것처럼 '반도체 달러(칩 달러)'를 만들지도 모른다. 첨단산업에 필수인 반도체를 오직 달러로만 거래하게 하면서 세계 경제의 주도권을 되찾는 것이다.

중동 지역의 중요성이 이전보다 낮아진 지금, 미국은 페트로 달러를 유지하는 동시에 반도체 패권을 쥐려 강력한 대중 규제를 이어가고 있다. 현재 미국과 미국의 동맹국인 한국, 대만, 일본이 주도하고 있는 반도체 산업은 후발 주자가 따라잡기 어려워 신흥 강자가 등장할 가능성이 낮다. 하지만 산업의 발전을 위해서는 반도체가 꼭 필요하다. 미국이 반도체 패권을 쥐면 중국 등 다른 나라는 미국에 함부로 대항하기 더욱 어려워지며, 반도체에 기반한 달러 시스템은 미국의 자국 중심주의를 더욱 심화시킬 것이다. 현재 모든 경제 문제의 끝에는 반도체가 자리하고 있다.

5장

새로운 동맹이 시작된다

차이메리카 어게인

미중 간 치열했던 패권 전쟁이 일단락되고 두 나라는 다시 경제적 협력 관계로 돌아선다. 전 세계에 가장 강력한 경제적 영향을 미치는 국가들의 관계 회복으로 세계경제 질서는 한 번 더 재편된다.

치열했던 무역 전쟁 기간 동안 미국은 반도체 수출 규제로 인해 중국이라는 큰 시장을 잃었고, 중국은 반도체 첨단기술에서 소외되며 개발에 난항을 겪어야 했다. 패권 전쟁이 끝나고 나면, 미국과 중국은 그간의 손해를 떠올릴 것이다. 미국이 놓친 기회비용이나 중국이 본 손해를 회복하기 위해, 양국은 교역량을 늘리는 한편 약소국에 '갑질'을 할 가능성이 크다.

미국이 자국 반도체 패권에 큰 위협이 되지 않는 선에서 중국에 대한 반도체 수출 규제를 해제하고 이전처럼 '하나의 중국'을 암묵적으로 지지하면, 미국과 중국은 상호 협력 관계로 돌아갈 수 있다. 중국은 저임금으로 생산한 상품을 미국에 수출해 대미 무역에서 경상수지 흑자로 전환하고 그 수입으로 미국 국채를 사들여 달러 유동성을 높인다. 이와 같은 관계 회복이 성사되면, 두 나라는 친밀해질 수밖에 없다.

이러한 관계는 국제 정세 안정으로 이어진다. 그렇지만 우리나라 반도체 산업계는 방심할 수 없다. 중국은 반도체 수출 규제 기간에도 자체 스마트폰 모뎀 칩 개발에 성공했고, 앞으로 인재 양성과 국가 자본 투입에 박차를 가하면 한국의 반도체 기술과 격차가 줄어드는 것은 시간문제. 미국 역시 세계 최대 반도체 시장인 중국과의 합작을 위해 자본과 기술을 중국에 쏟아부음으로써 반도체 시장은 두 나라가 주도하게 될 것이다.

미국은 대만과 한국을 견제하기 위해 일본과도 손을 잡을 것이다. 한때 반도체 산업의 정점을 찍었으나 지금은 반도체 장비 외 분야에서 밀리고 있는 일본은 정부 보조금을 반도체 산업에 집중 투자하며 미국과 적극적으로 협업한다. 2023년 미국 마이크론은 일본 히로시마 공장에 EUV 노광장비를 설치해 일본 내 메모리 반도체 산업의 재건을 도왔다. 이외에도 IBM 등 미국 기업이 기술력을 가지고 일본에 들어가면서, 일본은 지난날 미국의 견제로 인해 무너졌던 생산 기반을 갖추고 다시 반도체 패권을 노리려 들 수 있다.

경제 대국의 관계 회복과 견제 속에서 우리나라 반도체는 새로운 활로를 발견해야만 한다.

투키디데스의 함정에 빠진 미국과 중국

미중 패권 전쟁이 치열하다. '투키디데스의 함정Thucydides Trap'이
라는 말까지 등장할 정도로 둘 중 하나가 죽어야 끝날 것처럼
보인다. 아테네 출신의 역사가이자 장군이었던 투키디데스는
《펠로폰네소스 전쟁사》에서 이러한 상황을 처음으로 언급했다.
그는 이 책에서 기원전 5세기 지중해 지역의 맹주였던 스파르
타가 급격히 성장한 아테네를 견제하려다 양국이 '끝장 승부'를
벌이게 되었다고 해석했다. 여기에서 유래한 투키디데스의 함정
은 급부상한 신흥 강국이 기존의 판도를 흔들면 결국 기존의 패
권국과 무력 충돌로 이어지게 된다는 의미로 사용된다.

미국 정치학자 그레이엄 앨리슨은 《예정된 전쟁》이라는 자신의 책에서 미국이 중국의 성장을 두려워하기 시작하면서 투키디데스 함정에 빠졌고, 양국 모두 원치 않는 심각한 전쟁으로 치닫고 있다고 분석했다. 중국-대만 전쟁 시나리오는 미국과 중국이 결국 전면전으로 충돌하는 미래를 가정한 것이었다. 누가 승리하든 상처만 남는 이러한 치명적 위기를 피할 방법이 한 가지 있다. 바로 미국과 중국이 다시 손을 잡는 것이다.

2008년 미국 서브프라임 모기지 사태를 계기로 뒤이어 글로벌 금융위기가 발발하자 당시 중국 주석이던 후진타오는 G1 패권에 야욕을 드러냈다. 2013년 3월, 후진타오의 뒤를 이어 주석 자리를 승계한 시진핑은 '중국몽'을 선언하면서 미중 패권 전쟁 경주의 본격적인 닻을 올렸다. 그러나 아직까지 누구도 압도적 승기를 잡지 못하고 오히려 양국의 피해만 눈덩이처럼 불어나고 있다.

미중 무역 갈등이 본격적으로 전개되던 2016년, 중국 정부는 적자 예산을 늘려 경기 부양을 시도했고 그 결과 정부 부채가 급증했다. 시진핑 정부는 최근까지도 기준금리와 지급준비율을 계속 인하했다. 거의 모든 방법을 동원해 시중에 유동성 공급을 늘리면서 미국의 경제 공격을 방어한 것이다. 하지만 헛수고였다. 유동성 공급을 아무리 늘려도 중국의 경제성장률은 서서히 하향곡선을 그리고 있다.

16년의 미중 패권 전쟁,
중국에게 치명타는 아니다

2008년 글로벌 금융위기 전까지 중국 통화의 무역수지는 위안화 강세에도 불구하고 탄탄했다. 금융위기로 불안감이 높아진 상황에서 중국이 세계의 희망처럼 비춰지자 위안화는 더욱 강세를 띠었다. 하지만 미중 패권 전쟁이 시작되면서 경제성장률은 급락했고, 위안화를 절하해도 무역수지는 개선되지 않았다. '중국 무역의 쇠락'은 트럼프 행정부가 들어서면서 저점을 찍었다.

패권 전쟁을 치르며 중국의 산업 생산량은 당연히 지속적으로 감소했고, 기업의 이익 성장률도 둔화되었다. 최근에는 기업 이익 역시 감소 추세로 전환되었다. 중국의 소매 판매와 근원물가를 비교한 그림 5-2의 그래프를 보자. 지금까지의 분석 내용을 기준으로 살펴보면, 중국은 실물경기가 침체된 상황이다. 미중 무역 전쟁이 절정에 달할 때부터 중국의 실업률도 급증했다. 무역 전쟁으로 인해 수출 길이 막히면서 자국 내 초과생산

그림 5-1 중국 통화가치와 무역수지 추세 비교

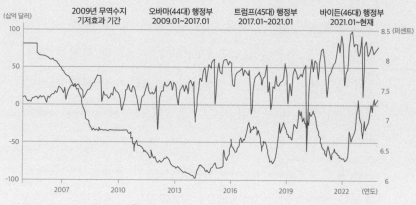

출처: tradingeconomics.com

그림 5-2 중국 소매 판매와 근원물가 비교

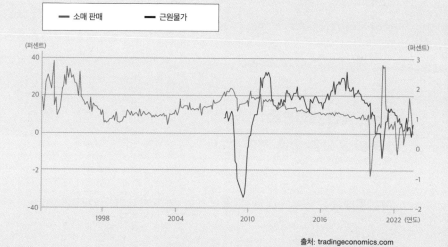

출처: tradingeconomics.com

을 누그러뜨리기 위해 중국 정부가 구조조정을 실시했기 때문이다. 2023년 6월, 중국의 통계국이 공개한 청년 실업률 지표는 21.3퍼센트로 역대 최고치를 경신했다.

그간 중국의 경제 성장을 이끌어온 것은 인프라와 부동산 개발이다. 중국 부동산 산업은 GDP의 25퍼센트를 차지할 만큼 중국 경제에서 큰 축을 차지하지만, 2016년 미중 무역 전쟁이 격화되자 중국 내 부동산 관련 지표들이 속속 추락하기 시작했다. 코로나19 전후로 주요 선진국에서 부동산 가격이 폭등하는 가운데 중국만큼은 하락세를 유지했다. 중국 경제에서 인프라와 부동산 개발이 억눌리니 2007년 14.2퍼센트를 기록했던 경제성장률은 코로나19 직전에 6퍼센트까지 추락했다. 12년 만에 절반 이상 떨어진 셈으로 정상적인 자본주의 국가에서는 거의 일어나지 않는 기현상이다. 미중 패권 전쟁이 지속되는 한 미국을 뛰어넘어 G1에 올라서겠다는 시진핑의 꿈은 점점 멀어져간다.

중국-대만 전쟁으로
미국과 중국은 얻을 것이 없다

시진핑에게는 중국-대만 전쟁이라는 카드가 남아 있지만, 이

전쟁에서 패배하면 치명타를 입는다. 중국이 대만을 무력으로 통일하는 가장 확실한 방법은 지상군을 투입해서 수도를 비롯한 주요 도시들을 완전히 탈환하는 것이다. 하지만 대만 시가전에서 발목이 잡힐 경우 전쟁에서 패배할 수밖에 없다. 시가전은 가장 어렵고 전력 소모가 큰 전투다. 빽빽하게 건물이 들어선 도시에서 공격군은 기동력이 제한되고, 방어군은 효과적인 은폐와 게릴라 작전을 펼 수 있다. 시가전에서 승리하더라도 막대한 손실을 피할 수 없다.

1942년 8월 23일부터 1943년 2월 2일까지 소련의 스탈린그라드에서 벌어진 전투는 이러한 예를 잘 보여준다. 독소전쟁(2차 세계대전 중 독일과 소련이 벌인 전쟁)에서 가장 치열한 공방전으로 기록된 이 전투에서 독일군은 도심을 쉽게 점령할 것으로 예상했지만, 현실은 달랐다. 방어진을 친 소련군은 거대한 곡물 창고와 파괴된 아파트 건물을 요새로 활용해 독일군을 기습 공격하며 게릴라전을 벌였기 때문이다. 소련군은 건물 1층에 함정을 파고 계단을 무너뜨린 2층에서 독일군을 공격했다. 당시 독일군은 보병, 공병, 기갑병, 공군이 완벽한 협동 작전을 벌이기로 유명했지만, 폐허가 된 시내 곳곳에서 동시다발적으로 벌어지는 게릴라전에서는 힘을 쓰지 못했다. 아군과 적군이 뒤엉켜 있어 공중 포격 역시 무리였다. 독일군은 모든 건물을 샅샅

이 뒤지며 소련군을 소탕하려고 했지만, 예상치 못한 곳에서 튀어나와 집요하게 공격하는 적군을 제압하기에는 역부족이었다. 독일군 내에서는 '생쥐전쟁Rattenkrieg'이라고 자조하는 목소리까지 나왔다.

결국 독일군은 '파블로프의 집Pavlov's House'이라는 건물 한 채에 자리 잡은 소련군을 무려 58일 동안 공격했지만 승리하지 못하고 물러났다. 이 전투에서만 프랑스 파리 함락 때보다 더 많은 독일군 사상자가 발생했다. 훗날 이 집은 소련군 승리의 상징으로 사용되었다. 게릴라군이 스탈린그라드에서 6개월간 버티는 동안 소련군은 후방에서 대규모 반격을 위한 병력을 모았다. 그리고 7개월째 되는 때에 대대적인 반격을 가해 독일군은 전멸했다. 스탈린그라드 시가전의 참패는 동부전선의 판도를 바꾸었고 나치 독일 패망의 직접적인 원인이 되었다.[1]

현대에는 스탈린그라드 전투 때보다 시가전을 벌이기 훨씬 어렵다. 중국 군대가 공중에서 대만 도시에 대규모 폭격을 가한다고 해서 철근 콘크리트로 된 건물을 가루로 만들 수는 없다. 도심 전역을 잿더미로 만들 수도 없어 무너진 건물 잔해는 오히려 대만군에 은·엄폐 지형이 된다. 대만군은 다양한 함정을 설치해 중국군을 장기간 괴롭힐 수도 있다. 미군이 직접 시가전에 개입하지 않더라도, 대만 군대에 지속적으로 군수물자를 제공한다면 시가전은 더 길어질 수 있다. 지옥 같은 시가전은 중국에 악재로 작용한다.

그렇다고 미국이 마냥 좋은 것만은 아니다. 미국은 1985년 플라자합의Plaza Accord(1985년 9월 22일 미국 뉴욕의 플라자 호텔에 프랑스, 독일, 일본, 미국, 영국의 재무장관들이 모여 달러화 강세를 막을 목적으로 맺은 합의)를 통해 일본을 상대로 한 무역수지 적자 추세 방어에 성공했다. 하지만 그런 기세는 오래가지 못했다. 1992년부터 미국의 무역수지 적자는 빠르게 증가했고, 한국과 중국의 경제가 급성장하면서 적자는 증폭했다.

2008년 이후, 미국은 중국과 본격적인 패권 전쟁을 시작했다. 그림 5-3에서 볼 수 있듯, 오바마 행정부 시절에는 무역 전쟁이 효과가 있는 듯했다. 하지만 빨간색 박스로 표시한 시점에는 두 가지 이유 때문에 유독 미국의 무역수지 적자가 커졌다. 첫째, 중국의 무역수지 흑자가 높아졌다. 둘째, 미국 내 부동산 가격이 폭등하면서 내수 소비도 크게 증가했다. 자연스럽게 미국의 수입이 늘면서 무역수지 적자 폭이 커졌다. 이런 특수한 상황을 감안하면, 오바마 행정부 시절(2009년 1월~2017년 1월)에 미국의 무역수지 적자 규모가 줄어든 것은 무역 전쟁의 효과보다는 미국 내 소비 감소에 기인한 것일 가능성이 크다. 무역 전쟁이 본격적으로 이루어졌던 트럼프 정부 시절(2017년 1월~2021

그림 5-3 미국과 중국 무역수지 추세 비교

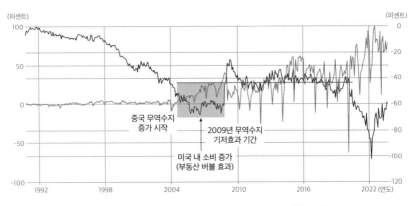

출처: tradingeconomics.com

년 1월) 후반에 무역수지 적자 추세가 다시 증가한 이유도 당시 미국의 수입량이 증가했기 때문이었다. 결국 미중 간의 무역 전쟁으로 미국이 무역수지에서 얻은 이익은 미미하다. 그저 반도체 분야에서 중국의 추격 속도를 늦춘 것뿐이었다.

미국은 글로벌 공급망에서 중국을 완전히 배제하지도 못했다. 그런 미래는 불가능하다는 것만 뼈저리게 깨달았을 것이다. 2023년 11월 14일, 미 하원의 미국과 중국공산당 간 전략 경쟁에 관한 특별위원회(이하 미중 전략경쟁특위)는 중요한 보고서 하나를 발표했다. 그 보고서에는 중국 기업들이 미국의 수출 규제를 뚫고 첨단 반도체 생산에 사용되는 반도체 장비를 네덜란드 등 미국 동맹국에서 구입하고 있다는 내용이 담겨 있었다. 중국이 미국의 반도체 장비 수출 통제 조치에 대항하는 통로를 확보했다는 말이었다. 하원은 미국의 수출 통제에 한계가 노출된 사례라고 지적했다. 미국은 2022년 10월부터 수출 규제를 시행했고, 일본은 2023년 7월, 네덜란드는 2023년 9월부터 규제에 동참했다.

중국 기업들은 이런 각국의 대중 수출 규제 도입 시차를 이용했다. 보고서에 따르면, 2023년 1~8월까지 네덜란드 반도체 장비를 전년 동기 수입액 17억 달러 대비 96.1퍼센트 증가한 규모인 32억 달러가량 수입했다. 중국은 2023년 3분기에도 반도체 장비 수입액을 전년 동기보다 93퍼센트 증대했다. 특히 네덜란드산 장비 수입액은 여섯 배 넘게 늘었고, 노광장비(빛으로 웨이퍼에 회로를 새기는 공정인 노광에 사용하는 장비) 수입액도 네 배 증가했다. 네덜란드 반도체 장비업체 ASML도 대중 수출 규제를 준수하면서도 중국에 노광장비를 판매하고 있다는 의미였다.[2] 이로써 중국을 대상으로 완벽하게 수출을 통제하는 것은 불가능하다는 것이 확인된 셈이다.

이런 상황에서 미국이 대만을 두고 중국과 군사적 충돌을 벌이면, 군비 부담만 가중될 것이다. 전쟁에서 승리해도 미국 입장에서는 큰 이익이 없다. 막대한 군비 부담으로 달러 가치 하락 위험만 커진다. 2023년 미국은 2차 세계대전 이후 80년 만에 러시아-우크라이나와 이스라엘-하마스, 두 개의 전쟁에 관여하게 되었다.

미래의 어느 날, 중국이 대만을 침공할 때 러시아-우크라이나 전쟁이 재발발하고 중동에서 이란과 이스라엘이 전쟁을 벌인다면, 미국은 한 번에 세 개의 전쟁을 수행해야 할 수도 있다. 아무리 세계 최강대국이라도 이런 상황에서는 막대한 병력과 물자 소모, 그에 따른 엄청난 재정 부담이 발생하면서 국력을 모두 소진해 붕괴할 위험이 커진다. 미국이 동아시아에서 중국, 중동에서 이란, 유럽에서 러시아와 전쟁을 벌이면서 지쳐가는 순간, 앞에서 이야기했듯 사우디아라비아가 페트로 달러 협약을 파기하고 중국이 미국 국채를 전량 매도하는 방식으로 공격한다면, 미국 경제와 달러 가치는 치명타를 입게 된다.

중국-대만 전쟁이 벌어지지 않더라도, 중국이 붕괴될 때까지 패권 전쟁을 지속하는 것만으로 미국에는 부담이 된다. 지난 16년 동안의 패권 전쟁 동안 미국은 중국 경제에 치명타를 주는 데 실패했고, 앞으로도 이 목표를 달성하기는 쉽지 않아 보인다. 설상가상으로 러시아까지 패권 전쟁에 참전을 선언했다. 러시아는 2008년 조지아 침공과 2014년 크림반도 합병 등 유럽에서 전쟁을 일으켰던 전력이 있다. 그래서 2022년 러시아의 우크라이나 무력 침공이 과거 전략의 연장선이라고 보는 시각도 있다. 하지만 이번 침공은 의미와 파급력 면에서 과거와 다르다. 러시아가 오랫동안 숨겨왔던 '러시아 제국의 부흥' 계획을 공식 천명한 사건이기 때문이다. 당분간 러시아는 중국과 손잡고 유럽을 압박하면서 미국의 패권에 도전하려 할 것이다.

러시아가 끼어들면서 앞으로 글로벌 패권 전쟁은 미·중·러의 삼파전이 되었다. 미국이 중국에 결정타를 날리지 못한 상황에서 러시아가 패권 전쟁에 참전하는 것은 중국에는 천군만마다. 그만큼 미국이 중국을 무릎 꿇리는 일은 요원해진다. 미국의 재닛 옐런 재무장관은 CNN과의 인터뷰에서 "러시아를 금융시장의 불구로 만드는 것이 장기적으로 달러의 위상에 영향을 줄 수 있다."라고 말했다. 러시아가 달러에 접근하지 못하는 상황은 장기적으로 달러화의 유동성 축소를 가져온다. 중국의 달러 소비는 러시아와 비교할 수 없을 만큼 크다.

미국과 중국의 패권 전쟁이 지속되면, 기축통화인 달러도 치명타를 입는다. 중국은 미국 달러와 국채의 지속가능성을 받쳐주는 숨은 공신이다. 미국은 중국이 계속해서 달러 지배력하에 머물게 해야 한다. 그러려면 채찍은 적당히 휘두르고 당근도 주는 정책이 필요하다. 그렇지 않고 채찍만 휘두르면 패권 전쟁에서 최종 승리하더라도, 막심한 손해를 감내해야 한다. 상처뿐인 승리다. 중국은 패배하면 곧장 침몰하는 것 외에 선택지가 없다. 양국 모두 이런 치명적인 미래 위기를 피하는 길이 있다. 미국과 중국이 다시 손잡는 미래다.

차이메리카 어게인,
치열한 싸움을 끝내는 조건들

모든 사람이 미중 패권 전쟁을 당연한 미래로 생각하는 지금, 미국과 중국이 다시 손잡는 '차이메리카 어게인Chimerica Again' 시나리오는 재검토되어야 한다. 몇 가지 조건만 합의하면 내일 당장이라도 미중 간의 치열한 싸움은 종료될 수 있다. 그 조건들은 다음과 같다.

첫째, 중국은 미국의 4차 산업 핵심 기술에 대한 지식재산권을 인정하고 정당한 가격을 지불한다.

둘째, 미국은 중국에 대한 기술 제재를 전면 해제한다. 미국에 큰 위협이 되지 않는 범위에서 중국이 레거시(구형) 반도체 등의 시장을 주도하는 것을 묵인한다.

셋째, 중국은 미국에 금융투자시장을 개방하고, 미국 국채 매입을 다시 늘린다. 중국도 미국을 비롯한 세계에 자국의 금융시장을 개방하면 금융투자시장의 추가 도약이 가능하다. 이는 시진핑의 장기집권 마련을 위한 발판이기도 하다.

넷째, 미국은 이에 대한 대가로 경제 및 무역 제재를 전면 해제한다.

다섯째, 중국은 미국산 농수산물, 내연기관 자동차, 셰일오일 등의 수입을 대폭 늘린다. 중국의 지방정부도 미국 기업에 우호적인 방향으로 정책을 전환한다.

여섯째, 미국은 중국이 주장하는 '하나의 중국'을 재인정하고, '전략적 모호성 정책'을 다시 유지한다.

차이메리카Chimerica

중국China과 미국America의 합성어로 두 나라의 경제적 공생 관계를 뜻한다. 기존 패권국가 미국과 신흥 강국 중국은 각각 소비와 생산으로 역할을 나눠 상호 협력하며 의존적 관계에서 발전해왔다. 미국이 중국의 저가 상품을 대규모로 수입해 중국이 경상수지 흑자를 달성하면, 중국은 수출로 번 달러를 미국 국채에 투자해 미국은 낮은 금리로 재정 적자를 보충할 수 있었다. 소비만 하는 미국과 생산만 하는 중국의 불균형적 관계는 글로벌 금융위기의 배경 중 하나로 꼽히기도 했다.

이런 조건이 충족된다면 미국과 중국의 새로운 밀월시대가 열릴 것이다. 현재는 미중 패권 전쟁에 러시아가 참전해 삼자 게임이 되었지만, 중국과 러시아의 관계는 단단하지 않다. 필요에 따른 협력일 뿐, 중국은 언제든 러시아를 내칠 수 있다. 미국도 러시아와 중국이 손잡고 공격한다면 감당하기 어려울 것이다. 과거처럼 두 나라를 완전히 몰락시키기도 힘들다. 현실적으로 두 나라 가운데 한 곳과 관계를 개선한다면, 러시아보다는 중국이 낫다.

중국과의 관계 개선은 친중국 국가들까지 확산될 수 있고 중국의 시장은 러시아와 비교되지 않을 만큼 크다. 중국의 3억 명이 넘는 중산층은 황금알을 낳는 거위이며, 중국의 전기자동차 시장 역시 미국의 8~10배에 달한다. 자율주행 자동차, 인공지능, 로봇, 우주여행 등 미래 산업의 최대 소비시장도 중국이다. 미국 기업의 투자나 활동에서 중국을 배제하는 것은 황금알을 낳는 거위를 죽이는 행위나 다름없다. 미국 국채의 롤오버 roll ever(금융기관이 상환 만기에 다다른 채무의 상환을 연장해주는 조치), 미래의 신규 국채를 담보해줄 나라도 필요하다. 이처럼 미국과 중국은 안보 문제, 인권 문제를 제외하면 서로 손잡아야 할 이유가 훨씬 더 많다.

미국도 중국의 기술 굴기를 영원히 막을 수는 없다. 특정 시점에는 중국과 반도체 기술 전쟁을 지속하는 데 실익이 없다는 사실을 깨달을 것이다. 2023년 출시된 화웨이의 스마트폰 '메이트60 프로Mate60 Pro'는 중국 내에서 인기가 폭발했다. 발매 초기에는 웃돈을 얹어 구매하려는 고객이 줄을 설 정도였다. 미국은 중국 반도체 기술력이 10나노급 이하로는 발전하지 못하게 하려고 장비와 기술을 철통같이 통제했지만, 메이트60 프로에는 7나노급 반도체가 탑재되었다.

7나노급 반도체를 만들기 위해서는 극자외선EUV 노광장비가 필요한데, 중국은 수출 제제로 이를 사용하지 못하자 기존의 심자외선DUV 노광장비만으로 7나노급 반도체를 만들어냈다. 이 때문에 화웨이가 만든 7나노급 반도체는 기술 면에서 경쟁사에는 뒤처졌지만, 사용하기에는 무리가 없는 수준이었고 의외로 안정성도 좋았다. 중국이 언제든지 규제가 풀려서 최신 부품과 장비를 공급받기만 하면 파운드리 분야에서도 순식간에 세계적 수준에 도달할 수 있다는 것을 보여준 사건이었다.

중요한 것이 하나 더 있다. 메이트60 프로에 탑재된 자체 첨단 기술이 3년 전 메이트40 프로 대비 18퍼센트포인트 늘어났다는 사실이다. 미국이 중국을 견제하더라도 중국의 기술 발전을 막는 데 한계가 있다. 애초에 미국 기업의 모든 반도체를 미국 내에서만 생산한다는 전략은 불가능하다. 인건비를 비롯한

높은 제조 비용 때문에 자국 내 생산이 오히려 손해이기 때문
이다. 제조 비용을 감당하기 위해 해외에서 생산된 반도체보다
높은 가격을 책정하면 미국에서 생산하는 자동차를 비롯한 다
양한 완제품의 가격 또한 상승한다. 이는 결국 미국 기업의 가
격 경쟁력 약화와 미국 내 물가 상승을 초래할 것이다. 결국 미
국은 군사적으로 아주 민감한 부분을 제외하고 중국과 재협상
할 가능성이 매우 높다.

손잡은 미국과 중국,
한국 반도체를 공격한다

두 나라가 패권 전쟁을 끝내고 다시 화해의 시대로 나가면 그
다음 스텝은 무엇일까? 두 강대국은 그동안의 피해를 다른 나
라에서 보상받으려 할 것이다.

앞에서 설명했듯 중국은 치명타를 입지는 않았지만 깊은 내
상을 입었다. 미국도 겉으로는 큰 피해가 없어 보이지만 패권
전쟁으로 놓친 이익이 아쉬워질 것이다. 중국은 '손실비용'을,
미국은 '기회비용'(한정된 자원을 어떤 선택에 사용함으로써 놓치
게 되는 다른 선택의 이익)을 생각하게 된다는 뜻이다. 그들이 이

런 비용을 만회하기 위해 선택할 수 있는 전략은 크게 두 가지다. 하나는 양국의 교역량을 증대하는 것이고, 다른 하나는 약한 나라에 '갑질'을 하는 것이다.

삼성의 반도체 산업은 미국과 일본의 반도체 전쟁을 기회로 성장했다. 1980년대, 일본은 한국에 반도체 기술을 제공하지 않았다. 그래서 삼성의 한국 최초 반도체 64K D램은 미국의 반도체 기업 마이크론의 기술력을 바탕으로 생산되었다. 당시 미국 기업들은 일본과 경쟁에서 밀려 천문학적인 적자를 기록 중이었고 일본을 견제하기 위해 한국을 도왔다. 40년이 지난 지금, 메모리 반도체 분야에서 한국과 대만은 강자가 되었고, 미국과 일본은 약자가 되었다. 이런 상황에서 차이메리카 어게인 시나리오가 현실이 된다면 미국은 중국과 함께 한국 반도체를 공격할 수 있다.

2023년부터 이미 이런 조짐이 보이고 있다. 삼성에 반도체 기술을 전수했던 미국의 마이크론은 2026년부터 일본 히로시마 공장에서 차세대 반도체인 1감마 D램 양산에 들어가겠다는 계획을 밝혔다. 일본 정부는 마이크론에 보조금 지원 규모를 대폭 확대하며 마이크론 D램 공장 증설 투자에 힘을 보탰다. 한국 메모리 반도체의 길을 열어준 마이크론이 이제는 일본 D램 공장에 집중해 한국을 공격하는 모양새다. 마이크론은 일본 정부에서 지원받은 보조금으로 히로시마 공장에 일본 최초로 EUV 노광장비도 설치한다. 일본을 차세대 최첨단 메모리 반도체의 생산 기지로 삼겠다는 의도다. 일본의 반도체 기업 라피더스 Rapidus(소니와 도요타, 키옥시아 등을 비롯한 일본의 여덟 개 대기업이 합작해 설립한 반도체 기업)는 미국 IBM과 함께 2027년에 2나노 반도체 생산을 시작할 계획이며, 대만의 TSMC가 소니, 덴소DENSO와 합작한 회사 JASM도 2024년 말 양산 시작을 목표로 구마모토현에 반도체 생산라인을 건설 중이다.

이 와중에 안타깝게도 한국의 반도체 산업 구조 기반은 취약하다. 우리나라는 반도체 공장을 건설해 가동하기까지 6~8년이 소요된다. 반면 미국과 대만은 2년 6개월, 중국은 2년이면 가능하다. 정부의 지원과 규제 장벽 차이에 따른 결과다. 실제로 삼성전자는 2010년 경기도 평택을 반도체 공장 부지로 선정했지만 인허가와 인프라 조성 문제로 인해 2017년에야 가동을 시작할 수 있었다. 수요 증가에 따른 신속한 생산 현장 증설이 중요한 반도체 산업에서 속도전을 따라잡지 못하면 경쟁력을 잃을 수밖에 없다. 이미 반도체 설계 분야는 미국과 대만, 첨단 장비는 네덜란드와 일본, 소재는 일본과 중국이 맡는 식의 구도가 형성되어 있다. 만약 현재 진행되는 미중 패권 전쟁 기간에 미국이 자국과 일본에서 추가 생산 설비 확보에 성공하면, 한국

의존도는 그만큼 낮아진다.

이런 상황에서 미중 패권 전쟁 종료는 치명적인 시나리오다. 중국의 추격에 더해 미국과 일본의 공격도 막아내야 하기 때문이다. 차이메리카 어게인이 되면, 이념적 동맹 시대에서 실리적 동맹 시대로 전환된다. 반도체산업협회는 두 가지 전략을 구사할 것이다. 하나는 행정부에 한국과 대만 기업의 기술 추격을 봉쇄해야 한다는 압력을 가하는 것이고, 다른 하나는 중국이나 일본 기업과 제휴해 한국과 대만을 공격하는 것이다. 다시 열린 중국 시장은 모든 반도체 생산국에 세계 최대의 시장이므로 중국을 공략하는 데 중국 기업과 합작회사를 세우는 것만큼 좋은 전략은 없다. 이 전략이 성공해 막대한 자본이 중국 내로 쏟아져 들어가고 선진 기술이 전수되면, 미국은 최첨단 반도체를 장악할 것이다.

일본 반도체의 세계 반도체 시장 점유율은 1990년대 50퍼센트에서 2022년 6퍼센트까지 하락했다. 하지만 일본의 반도체 산업 역시 다시 일어서기 위해 움직이기 시작했다. 일본은 정부가 나서서 필요한 기업은 국유화하는 등 반도체 부흥 전략을 치밀하게 구상 중이다. 일본 정부는 2030 자국 반도체 매출 목표를 2020년 대비 세 배 높은 15조 엔으로 세우며, 반도체 산업 투자 의지를 다졌다.

반도체산업협회의 자료에 따르면, 2020년 기준 전 세계 반도체 시장에서 일본의 개별 소자 반도체 점유율은 25퍼센트, 메모리 반도체 점유율은 9퍼센트, 아날로그 반도체는 9퍼센트, 반도체 로직 점유율은 6퍼센트다. 한국은 메모리 반도체 점유율이 65퍼센트, 개별 소자 반도체 점유율은 5퍼센트, 반도체 로직 점유율은 6퍼센트다. 일본은 반도체 소재 및 장비와 후공정(패키징)에서는 여전히 세계 최고 수준이다. 후공정은 웨이퍼에 찍어낸 반도체에 외부 단자를 연결하고 포장하는 작업으로, 장비만으로는 네덜란드와 미국이 선두지만, 소재와 부품, 장비를 모두 갖춘 나라는 일본이 유일하다. 일본은 미국의 견제를 받으면서 생산 기반이 무너졌을 뿐이다.

노무라증권의 분석에 따르면 일본의 반도체 장비 및 소재의 글로벌 점유율은 도포 장치 90퍼센트, 실리콘 웨이퍼 60퍼센트, 포토레지스트 70퍼센트로 압도적으로 높다.[3] 2020년 기준, 반도체 장비 분야에서 일본의 도쿄일렉트론Tokyo Electron, TEL, 아드반테스트Advantest, 스크린홀딩스Screen Holdings, 히타치하이테크Hitachi High Tech 등은 세계 10위권에 포진 중이다.

현재 한국과 일본의 생산 기술은 차이가 크다. 10나노미터 이하 반도체 시장은 대만이 92퍼센트, 한국이 8퍼센트를 장악하고 있다. 일본은 28~45나노미터 시장에서 5퍼센트, 45나노미터 초과 시장에서 13퍼센트를 차지하고 있다. 기술력을 가진 미국이 일본을 지원하면, 생산 분야에서 일본이 여러 단계를 건너뛰고 한국이 점유한 시장을 잠식하는 것은 시간문제다.[4] 반도체 산업은 3~4년마다 장비를 바꾸고 공정 전체를 재조정해야 한다. 만약 일본이 노광장비, 세정·검사 장비, 도포 장치, 웨이퍼, 포토레지스트와 기타 소재 수출 금지라는 칼을 휘두르면 그 파급력은 우리에게 치명적이다.

중국은 레거시 반도체 시장과 기술 모두에서 한국과 대만을 넘어설 수도 있다. 현재 화웨이는 자회사인 하이실리콘에서 스마트폰 모뎀 칩을 공급받고 있다. 스마트폰 모뎀 칩 개발 기술력은 미국의 퀄컴, 대만의 미디어텍, 한국의 삼성전자 등 소수만 보유하고 있다. 아직은 부족하더라도 중국의 반도체 기술 잠재력은 충분하며 과소평가하기에는 충분히 위험하다. 중국은 반도체 파운드리에서 미국의 제재로 한국을 추월하지 못하고 있을 뿐이다.

설상가상으로 베트남이나 인도 기업이 경쟁자가 될 가능성도 무시할 수 없다. 향후 한국은 베트남과의 기술 및 산업 협력을 위해 치밀한 전략을 세워야 한다. 현재 인텔은 베트남 남부에 반도체를 조립하고 테스트하는 공장을 보유하고 있고, 더 확장할 계획이다. 2023년 9월, 바이든은 베트남을 방문하면서 미국 주요 반도체·IT 기업 최고경영진을 대동했다. 글로벌 공급 망에서 중국을 배제하기 위해 인도와 베트남을 끌어들이겠다는 계획을 암시한 것이다. 인도·태평양 지역에서 중국을 견제하고 미국의 영향력을 더 키우려는 전략적 목적도 있다. 그 외에도 미국이 베트남에 손을 내미는 이유는 무궁무진하다. 베트남은 희토류를 비롯한 희귀 광물을 중국 다음으로 대량 보유하고 있다. 또한 미국산 무기 수입을 늘려줄 수 있는 좋은 나라이기도 하다. 베트남 정부도 미국의 이러한 속내를 파악하고, 자국에 반도체 생산 공장을 운영하는 미국 기업에 베트남 자체 첫 반도체 생산 시설을 세우는 데 대한 조언을 구했다.[5]

미중 패권 전쟁의 종결은 단순히 두 나라와의 관계 변화만을 의미하지 않는다. 한국은 이제 우리와 비슷한 위치에 놓인 국가들과도 다시 한번 더 경쟁해야 하는 복잡한 상황에 처했다. 한국 반도체 산업이 긴장해야 하는 이유는 점점 더 명확해지고 있다.

6장

반도체 시장의 중심이 바뀐다

반도체 산업의 패러다임이 전환되고 있다. 반도체 성능을 향상시키기 위해 사용하던 미세공정 방식이 도달한 한계를 뛰어넘어야 할 때가 찾아왔다. 반도체 제조사들은 소재, 장비, 생산 공정을 완전히 변화시킨 새로운 기술에 주목하기 시작한다. 이 기술들은 반도체 시장의 판도를 바꾸고, 새롭게 등장한 기업들은 선두 기업을 빠르게 추격하면서 시장의 경쟁 구도를 복잡하게 만든다.

상상 속에만 있던 미래가 현실이 된다. 6G 통신 기술이 사용되고, 전기차를 넘어 인공지능을 도입한 자율주행 자동차의 시대가 온다. 모든 업무에 인공지능이 적용되고, 범용 인공지능과 한층 더 발전한 로봇이 결합해 집, 회사 등 곳곳에 인공지능 로봇이 상용화될 것이다. 모든 사물과 사람뿐 아니라 가상 세계와 현실 세계도 연결되는 초연결사회 또한 도래한다. 지금의 반도체 기술로는 다가올 미래를 지탱할 수 없다. 새로운 기술이 반드시 개발되어야 하는 이유다.

인공지능 반도체는 CPU와 GPU가 결합된 1세대, 인공지능 알고리즘 일부가 하드웨어 설계에 모방된 2세대를 넘어 3세대인 뉴로모픽 반도체로 이어져 활발하게 연구되고 있다. 인간의 뇌 신경망을 모방한 뉴로모픽 반도체는 데이터 기억과 연산을 동시에 진행할 수 있다. 인공지능 반도체는 앞으로 사람의 뇌처럼 에너지를 더 적게 소비하면서 방대한 연산을 처리하는 방향으로 진화할 것이다.

6G 통신 기술이 발전하면서 III-V족 화합물을 소재로 사용해 전자의 속도를 높이는 반도체도 주목받고 있다. III-V 화합물 반도체는 적은 에너지로도 6G 통신 기술이 요구하는 높은 주파수를 감당한다. 이에 따라 화합물 반도체의 대량생산은 전기

차, 자율주행 자동차와 같은 새로운 운송 수단의 시대도 열 것이다. 한편 미래 로봇 기술의 발전은 의외로 레거시 반도체의 사용 역시 확장할 수 있다. 로봇의 부품으로 저성능 반도체가 사용되기 때문이다. 로봇이 가정용으로까지 보편화된다면, 신형 반도체뿐 아니라 전력 사용과 비용이 낮은 반도체의 수요도 증가할 것이다.

무어의 법칙은 50년 넘게 반도체 산업계를 지배하며 실제로 약 18개월마다 성능이 두 배로 발전되었지만, 이제 반도체 집적회로의 성능은 어느새 한계에 도달했다. 반도체 제조사들은 미세공정 방식 대신 '어드밴스드 패키징', '칩렛' 기술 등을 주목할 만한 미래 제조 공정으로 떠올리고 있다. 대만과 함께 미세공정에서 압도적인 선두를 달렸던 우리나라가 긴장해야 하는 이유다. 새로운 기술과 적이 함께 떠오르는 이때, 무너지지 않으려면 변화에 발 빠르게 올라타야만 한다.

인공지능, 대전환의 시작

인공지능 반도체는 미래 반도체 시장의 대전환을 이끄는 힘이다. 특히 '생성형 인공지능Generative AI'(기존의 데이터를 축적해 이미지, 텍스트, 오디오 등에서 새로운 콘텐츠를 만들어내는 인공지능)과 '초거대 인공지능Hyperscale AI'(막대한 데이터를 바탕으로 사람의 뇌와 마찬가지로 기능하며 상황에 따라 유연하게 대처할 수 있는 인공지능) 기술이 발전할수록 그 기술을 지원하는 인공지능 반도체 분야의 빅 체인지도 가속화될 것이다.

인공지능 반도체는 3세대로 구분된다. 1세대는 CPU(중앙처리장치)와 GPU(그래픽처리장치)의 통합체다. '챗GPT'와 같은 생성형 인공지능이 확산되면서 1세대 인공지능 반도체에서는 GPU의 중요성이 점점 더 커지고 있다. 전기자동차에 생성형 인공지능 기술이 접목되고 자율주행 기술이 빠르게 발전하면, 인공지능 반도체도 그만큼 빨리 도입된다. 덕분에 기존의 CPU 반도체 회사보다 GPU 반도체를 생산하는 엔비디아NVIDIA의 가치가 최근 급상승했다.

2023년 6월 기준, 1세대 인공지능 반도체 시장의 90퍼센트를 점유하고 있는 엔비디아는 시가총액 1조 달러(한화 약 1350조 원)를 돌파했다. 2024년 3월에는 그때보다도 50퍼센트 이상 상승해 2조 달러(한화 약 2700조 원)를 넘어섰다. 엔비디아의 고성능 GPU 칩 'H100'은 공급이 수요를 따라가지 못해 H100을 구입하기 위해 최대 1년까지 대기하는 경우도 있을 정도다.[1] 엔비디아가 독점하고 있는 시장 판도를 깨기 위해 AMD, 인텔, 마이크로소프트, 애플 등도 인공지능 반도체 개발에 뛰어들고 있다. 경쟁이 치열해질수록 미래 반도체 시장의 대전환도 빨라질 것이다. IT 분야 조사기관 가트너Gartner의 분석에 따르면, 인공지능 반도체 시장의 규모는 550억 달러(한화 약 73조 원)로 평가되며,[2] 연간 성장률도 대략 20퍼센트에 달한다.[3]

하지만 전통적인 1세대 방식은 학습 성능이 제한되고 에너지 소모도 크다는 단점이 있다. 1세대 방식은 '폰노이만 구조Von

Neumann Architecture'라는 컴퓨터 과학의 기본적인 설계 체계가 밑바탕이다. 구성 요소인 CPU, 메모리, 저장 장치 및 입·출력 장치가 명확히 구분되어 미래 인공지능 시대에는 두 가지 한계가 뚜렷하게 나타난다.

첫째, 처리 장치와 메모리 간의 '병목 현상'(한 시스템을 집중적으로 사용함으로써 전체 시스템의 성능이 저하되고 마비되는 현상)을 초래해 데이터 전송 속도가 느려지고, 에너지도 과도하게 소모된다. 인공지능 애플리케이션, 특히 대량의 데이터를 빠르게 처리해야 하는 딥러닝deep learning 모델에서 폰노이만 구조의 느린 속도와 낮은 에너지 효율은 심각한 문제가 될 수 있다. 둘째, 폰노이만 구조는 순차 계산이 기본이기 때문에 GPU 반도체를 사용하더라도 병렬 처리에 분명한 한계가 있다. 앞으로 도래할 인공지능은 챗GPT 등의 생성형 인공지능과 비교되지 않을 만큼 수천 배 이상 복잡한 대규모 병렬 처리가 필요하다. 더이상 1세대 인공지능 반도체 방식으로 속도를 높이는 일은 불가능하다.

2세대 인공지능 반도체의 대표 주자는 NPUNeural Processing Unit, 즉 신경망 처리 장치다. 이것은 인간의 뇌를 모방한 컴퓨터 시스템인 인공신경망Artificial Neural Network 소프트웨어 작동 방식을 하드웨어 설계에 그대로 가져와 심층 신경망 연산에 특화된 반도체를 만드는 것을 의미한다. NPU는 기존 GPU에서 인공지능 알고리즘 처리에 불필요한 블록이나 데이터 경로를 제거해 전력 소모를 줄이고 고속 데이터 전송 구조에 맞게 설계를 개선했다. 1세대 인공지능 반도체 경쟁이 심해질수록 2세대 인공지능 반도체인 NPU의 기술 개발과 생산도 틀림없이 앞당겨질 것이다.

미래의 3세대 인공지능 반도체는 인간의 뉴런 구조를 모방한 '뉴로모픽 컴퓨팅neuromorphic computing' 방식으로 발전하고 있다. 뉴로모픽 컴퓨팅은 인간 뇌의 효율성과 적응성을 컴퓨팅에 적용하는 것이 목표다. 여기에는 스파이크 신호(신경 자극) 처리, 비동기적인 정보 전달, 낮은 전력 소모 등이 포함된다. 이로써 반도체의 에너지 효율성, 실시간 데이터 처리 및 패턴 인식과 같은 작업 성능이 크게 높아질 것으로 기대하고 있다.

이 방식을 이용해 개발한 뉴로모픽 반도체neuromorphic chip는 연산과 저장을 하나의 반도체에서 고도의 수행 능력으로 병렬 처리하므로, 저전력으로 복잡한 데이터를 효율적으로 계산하고 인간의 행동 패턴 분석 등 비정형화된 데이터도 효과적으로 처리한다.

NPU와 뉴로모픽 반도체는 설계 구조, 적용 분야, 에너지 소비 등에서 차이가 있다. NPU의 설계 구조가 전통적인 컴퓨팅 구조에 기반해 인공지능 연산에 최적화된 반면, 뉴로모픽 컴퓨팅은 뇌신경의 구조와 작동 방식을 모방한다. 적용 분야도 다르다. NPU는 주로 데이터 집약적인 딥러닝 작업에, 뉴로모픽 시스템은 패턴 인식, 센서 데이터 처리, 에너지 효율적인 연산 등에 더 적합하다. NPU는 에너지를 효율적으로 사용하고, 뉴로모픽은 소비 전력이 매우 낮아 저전력 환경에서 유리할 것으로 기대된다.

'멤리스터memristor'도 뉴로모픽 칩 연구에 가깝다. 멤리스터는 메모리memory와 레지스터resistor의 합성어로 전력 공급이 끊겼을 때도 이전의 상태를 모두 기억하는 기억 저항memristance 소자를 말한다. 전력이 끊어졌다가 다시 공급되면 기존 전류의 방향과 양을 그대로 복원할 수 있다. 멤리스터는 비휘발성 메모리 기술의 한 형태로, 핵심 특징은 비휘발성과 변수 저항이다. 멤리스터의 저항값은 과거에 흘렀던 전류의 양에 따라 달라지는데, 이런 원리를 이용하면 멤리스터는 과거의 전기 신호에 따라 '학습'하는 능력을 갖는다. 이 능력은 인공신경망에서의 가중치 조정과 유사하게 작동하고 아날로그 신호 처리에도 사용할 수 있어 에너지를 효율적으로 소비하는 인공지능 컴퓨팅에 유용하다. 아직은 연구 및 개발 초기 단계지만, 더 작은 공간에 더 많은 데이터를 저장할 수 있어서 미래의 핵심 기술이 될 것으로 기대된다.

비폰노이만 구조도 대안으로 떠오른다. 전통적인 CPU와 달리 메모리와 프로세서 간에 구분이 없거나 최소화되어 데이터와 명령어를 분리하지 않고 처리하는 방식이다. 저장과 프로세싱 기능을 하나로 통합해 병목 현상을 줄이므로 데이터 접근과 처리 속도, 저장 면에서 효율적이다. 그만큼 에너지 효율도 개선된다. 참고로 NPU는 병렬 처리에 초점을 맞춘 특수 목적의 프로세서로 인공지능 및 머신러닝machine learning 작업에 특화된 반면, 비폰노이만 구조는 데이터와 명령어의 통합에 중점을 두기 때문에 더 넓은 범위의 컴퓨팅 작업, 다양한 유형의 데이터 집약적 컴퓨팅에 적용 가능하다.

6G 통신 기술,
새로운 반도체의 미래를 앞당긴다

2030년부터는 6G 통신 기술이 본격적으로 상용화될 것으로 예측된다. 이 기술이 시스템 반도체 분야에서 대중화될 시점은 2025년에서 2030년으로 보고 있다. 6G 기술은 초당 1테라비트의 다운로드가 가능한 초고속 대용량 서비스 제공이 목표이며,

아직 주파수 대역은 확정되지 않았다. 삼성전자는 6G 서비스를 위해 수백 메가헤르츠에서 수십 기가헤르츠에 이르는 연속적인 초광대역폭의 주파수가 필요할 것으로 예상하고 있으며, 6G 상용화를 위해서는 별도의 신규 대역을 확보하는 것이 중요하다고 강조했다.[4]

이러한 기술적 특성들 덕분에 6G 기술은 초연결, 지능화된 서비스, 사물인터넷IoT 등을 비롯해 현재의 모바일 사용 시나리오를 넘어서 다양한 응용 프로그램을 지원할 것이다. 하지만 6G 기술에서 이런 특성들을 최적으로 구현하려면 실리콘 기반 소재와 기술로는 한계가 있다. 결국 최적의 6G 주파수 대역에서 최대로 데이터를 전송하려면 새로운 소재가 필요하다. 흑연전극봉 최대 공급 업체인 레조낙 홀딩스Resonac Holdings는 이를 지원하기 위해 새로운 반도체 소재를 개발하고 있다. 이 회사는 복합 재료의 합성부터 수지 및 세라믹스와 같은 필러 재료 생성에 필요한 기술을 개발할 계획이다. 인터페이스 제어 기술도 연구되고 있으며, 인공지능 시스템을 활용해 분자 설계 단계에서 필요한 화학 구조식을 빠르게 도출할 예정이다.

'III-V 화합물 반도체'도 대안으로 떠오른다.[5] 실리콘과 인듐 갈륨비소InGaAs 등으로 만든 회로를 층층이 쌓아 올리면 전자가 내부에서 빠르게 움직이며 높은 주파수에 도달한다. 그 외에 주목받고 있는 주요 소재로는 그래핀graphene, 갈륨비소GaAs, 인화인듐InP, 이산화바나듐VO₂, 실리카SiO₂ 등이 있다.[6] 화합물 반도체는 전력 증폭에 유리하다. 전송 주파수가 높아지면 전송 거리는 짧아져 기지국이 더 많이 필요한데, 화합물 반도체가 고출력의 증폭기 역할을 해 높은 주파수에서도 기지국 간의 거리를 늘릴 수 있다. 전문가들은 화합물 반도체의 대량생산에 성공하면, 자율주행 자동차, 드론 수송, 비행 자동차, 자율주행 로봇과 같은 차세대 운송 수단은 물론, 사물인터넷, 저궤도 위성, 3차원 가상세계 서비스 등에 광범위하게 사용될 것으로 전망한다. 6G 시대에는 실리콘 반도체와 화합물 반도체의 결합 시장이 열릴 것이다.

이런 변화는 반도체 소재, 기술, 제조 공정에 큰 변화를 가져온다. 자율주행 자동차의 예를 들어보자. 자율주행 자동차는 센서와 다운로드 데이터 등으로 하루에 약 40테라바이트의 데이터 생성이 예상된다. 스마트폰의 데이터 전송 규모와는 상당한 차이다. 이런 엄청난 양의 데이터를 전송하기 위해서는 초고속 플랫폼이 필요하다. 현재 고려 중인 5G 데이터 전송 플랫폼만으로는 모든 지역에서 자율주행 자동차를 운용하기에 역부족일 것이다. 이러한 데이터 전송 규모의 차이로 인해, 자율주행 자동차 시대에 필요한 반도체 소재, 기술, 제조 공정에 변화가 필요하다. 그 외에 자동차에 사용되는 반도체 중 전력을 다루는 '전력 반도체'도 화합물 반도체가 주가 될 것으로 예상된다.

미래의 자율주행 운송 수단에서 쏟아져 나오는 데이터를 실시간으로 감당하려면 자동차에 대규모 인공지능 데이터 처리 장치인 온디바이스 환경을 기본으로 장착해야 한다. 그리고 6G 통신 환경에서 필요한 데이터 전송 규모나 속도 등이 원활하려면 기지국이 지역화된 작은 데이터 센터가 되어야 한다. 일명 분산 데이터 센터화다. 이는 기지국 자체에서 데이터를 저장하고 연산하며 서비스를 적용하기 위한 시스템이다.

이것만으로는 부족하다. 5G 통신 환경에서 스마트폰을 사용할 때는 데이터 처리와 전송에 지연 시간이 있어도 크게 위험하지 않았다. 하지만 6G 통신 환경에서 무인 자율주행 자동차나 로봇, 비행기 등이 도심을 돌아다니고, 실시간 디지털 트윈 digital twin(가상 공간에 실물과 똑같은 물체를 만들어 다양한 시뮬레이션으로 검증해보는 기술) 환경이 상용화되면 촌각을 다투는 일이 발생했을 때 지연 시간이 생기는 것은 그 자체로 큰 위험이 된다. 이 문제를 해결하려면 통신기지국이 지금과는 비교되지 않을 정도로 늘어야 할 뿐 아니라 대량의 데이터를 빠르게 전달하기 위해 더 빠른 전자 이동 속도를 가진 고성능 반도체 소재를 개발하는 것이 필수적이다. 미래의 데이터 환경에서는 반도체 수요만큼이나 전기 수요도 폭증할 것이기 때문에 결국 반도체 자체에 저전력이 도입되어야 한다.

6G는 5G보다 데이터 전송 속도가 훨씬 빠르기 때문에 메모리 반도체도 이에 맞춰 발전되어야 한다. 6G 통신 기술이 지연 시간을 극적으로 줄일 것으로 예상되므로, 새로운 메모리 역시 신속하게 데이터에 접근하고 처리하는 능력이 필요하다. 6G 환경에서는 사람의 생명을 다루는 상황이나 기기가 늘어나기 때문에 신뢰성과 내구성 역시 더욱 높아져야 한다. 6G 통신 환경 자체가 더 많은 연결성과 복잡한 네트워크를 포함하는 것도 신뢰성과 내구성을 갖춰야 하는 또 다른 이유다.

자율주행 시대,
반도체 통합화 기술이 시장을 선도한다

미래 자동차도 반도체 기술이나 시장의 대변화를 이끌 수 있다. 자동차는 안전성이 매우 중요하기 때문에 신소재 반도체는 서서히 적용될 가능성이 크다. 대신 자율주행 자동차 기술을 구현하기 위한 '반도체의 통합화'는 새로운 트렌드로 빠르게 자리할 것이다.

자율주행 자동차는 단순한 이동 수단을 넘어서 개인 공간이자 대규모 컴퓨팅 디바이스로 변모할 것이다. 가까운 미래에 사람들은 자율주행 자동차에서 쇼핑, 영화 관람, 화상 회의, 원격 헬스 케어 서비스 등 다양한 활동을 할 수도 있다. 이 과정에서 막대한 개인정보와 데이터 생성으로 새로운 보안 및 프라이버시 문제가 발생하고, 데이터 보호 요구가 급증한다. 미래 자동차가 고도의 컴퓨팅 기능을 갖추면서 개인정보 보호 등의 보안이 중요해지면, 고성능 반도체 역시 필수가 된다.

반도체 기술에서 고성능을 구현하는 방법은 크게 세 가지다. 첫째, 미세공정으로 트랜지스터의 수를 늘리는 것이다. 둘째, 반도체 소재를 변경하는 것이다. 셋째, 통합화다. '반도체의 통합화'는 여러 기능을 하나의 칩 또는 시스템으로 합치는 기술이다. 이로써 효율성과 성능이 극대화된다. 이러한 통합화는 더 작고, 빠르며, 에너지 효율이 높은 솔루션을 제공한다. 대표적인 반도체 통합화 기술로는 'SoC System on a Chip'가 있다. SoC는 컴퓨팅, 네트워킹, 그래픽 처리, 데이터 저장 등 다양한 기능을 통합해 공간과 에너지 효율을 높이고 성능을 개선하는 것이 핵심이다. 이 기술은 특히 자동차 산업에서 중요해지고 있다. 자율주행 차량은 대규모 데이터 처리, 센서 관리, 네트워킹, 안전 시스템 등을 동시에 처리해야 하기 때문에 통합된 반도체 솔루

션이 필수다. 마찬가지로 인공지능 자율주행 로봇, 개인용 자율
주행 비행기 등에서도 통합화를 바탕으로 효율을 높이고 성능
을 개선하려는 움직임이 빨라질 것이다.

로봇 시장,
반도체 시장의 중심을 바꾼다

로봇은 시공간상에서 인지 및 운동 행위가 일어나는 기계다. 인
공지능이 로봇과 연결되기 전에는 프로그래밍으로 로봇을 조
작했다. 하지만 인공지능이 로봇과 연결되면 로봇의 인지 기능
을 대폭 향상시킬 수 있다. 챗GPT 같은 생성형 인공지능과 연
결되면 인간과 자유로운 의사소통도 가능하다. 로봇의 운동 능
력 역시 마찬가지다. 로봇의 운동 행위란 주변 환경을 파악하고
이에 대응해 특정 작업을 수행하는 데 필요한 신체적 움직임이
다. 이는 단순한 이동에서부터 복잡한 조작 및 상호작용에 이르
기까지 다양하다.

인공지능은 로봇이 주변 사물을 정확하게 인식하고 이해하
며, 그에 따라 물리적 공간에서의 위치, 장애물, 대상 물체 등
을 파악해 최적의 행동을 결정하도록 작용한다. 인공지능이 센

서 데이터를 해석하고 패턴을 인식하며, 학습을 통한 행동 개선이 가능하기 때문이다. 기계 학습 및 심층 학습 기능은 로봇이 경험을 쌓을 수 있게 하고, 새로운 상황에 효과적으로 적응하는 능력을 높여준다. 이런 과정을 거치면서 로봇은 다양하고 복잡한 환경 및 임무에서 미세 조작, 정밀 이동, 인간과의 상호작용 등 더 나은 전략을 개발할 수 있다.

로봇의 운동 영역에도 반도체의 역할이 중요하다. 인간의 신체 활동은 대개 뇌에서 명령을 내리지만, 신체의 각 부분에서도 '반사신경'처럼 지엽적 운동 기능이 작동한다. 로봇도 같은 방식으로 발전할 가능성이 크다. 중앙 인공지능이 로봇 전체의 운동을 총괄하지만, 로봇의 각 부분에 있는 액추에이터actuator(로봇 공학, 제조 장비 및 기타 산업 응용 분야에서 다양한 구성 요소의 움직임과 위치를 제어하는 데 사용하는 기계 장치)를 빠르게 제어하려면 지엽적인 연산 기능도 필요하다. 여기에 반도체가 활용된다.

결국 인공지능의 성능이 향상될수록 로봇은 자율적으로 의사 결정을 내리고, 복잡한 작업을 수행하며, 환경 변화에 실시간으로 반응하고, 상황에 따라 운동 전략도 수정한다. 반도체의 성능이 곧 로봇의 처리 속도, 효율성, 기능성도 높이는 셈이다. 그래서 반도체 기술의 진보는 미래 로봇 기술의 발전이고, 로봇 시장의 발전은 제조, 서비스, 의료 등 다양한 분야에서 로봇 기술과 접목되면서 빠르게 발전한다. 그리고 이것은 다시 반도체 수요를 증가시킨다. 그래서 로봇과 반도체가 선순환하는 상승 구조는 반도체 시장의 중심을 로봇 관련 기술로 이동시킬 것이다.

미래의 로봇 시장은 크게 실외 로봇과 실내 로봇 시장으로 분류된다. 실외 로봇 시장은 건설 현장, 농장, 숲 또는 사막과 같은 야외 환경에서 사용되는 로봇으로 배달 로봇, 로봇 택시, 농기계 로봇, 이족 로봇, 드론, 사족 로봇 등이 포함된다. 이러한 로봇은 복잡하고 거친 지형과 열악한 환경 조건을 통과하도록 설계해야 하고 매핑mapping, 탐사, 수색 및 구조, 환경 모니터링과 같은 응용 분야도 수행 가능해야 한다. 이런 환경에서는 수준 높은 인공지능을 사용해야 효과적으로 작동하고, 특수 센서와 하드웨어가 필요한 경우도 많다.

실내 로봇 시장은 가정, 사무실, 공공장소 등 실내 환경에서 작동하도록 설계된 로봇이다. 이러한 로봇은 보통 실외 로봇보다 크기가 작으며 실내 공간을 탐색하기 위해 더 가볍고 민첩하게 설계된다. 실내 로봇은 청소, 보안 및 엔터테인먼트 같은 다양한 응용 분야에 사용될 수 있다. 대표적으로는 센서를 사용해 바닥을 청소하는 로봇 청소기가 있다. 가상현실 기술을 활용해 사용자가 다른 공간에 있는 로봇을 원격으로 제어해 화상회의를 하는 텔레프레즌스 로봇telepresence robot도 여기에 속한다. 실내 로봇은 일반적으로 카메라, 마이크, 근접 센서와 같은 다양한 센서를 결합해 사용한다. 또한 용도에 따라 그리퍼gripper(물체를 쥐고 조작할 수 있게 해주는 장치)와 같은 특수 도구 또는 부착물을 장착하기도 한다. 실내 로봇은 실외 로봇보다는 안전 문제에서 좀 더 자유롭기 때문에 먼저 시장이 형성될 가능성이 높다.

그렇다면 미래의 로봇은 반도체 시장의 어떤 부분을 확대시킬까? 아이러니하게도 최첨단 반도체 시장과 레거시 반도체 시장 모두를 키울 가능성이 크다. 미래의 로봇은 스마트폰보다 더 강력한 지능이 요구되기 때문에 최첨단 반도체 시장이 확대되어야 하며, 모든 사물이 로봇화될 수 있다는 점에서 레거시 반도체 시장 역시 확장될 수 있다. 이 중에서 특히 레거시 반도체 시장을 주목해야 한다.

앞서 설명한 로봇들은 대체로 고성능 기능을 장착할 필요가 없다. 고성능 인공지능이 필요한 로봇도 나머지 부품에서는 저성능 반도체가 사용된다. 중요한 것은 필요한 반도체의 숫자다. 예를 들어, 비교적 단순한 휴머노이드 로봇humanoid robot에도 목에 두 개, 어깨에 여섯 개 등을 포함해 총 49개의 액추에이터가 사용된다. 설계자가 목표하는 세부 수준과 기능에 따라 필요한 액추에이터의 수는 달라지므로, 더 발전된 휴머노이드 로봇에는 더 많은 부품이 필요하다. 초거대 인공지능의 성능이 파라미터 parameter가 늘어날수록 향상되듯, 로봇은 액추에이터 수가 늘어날수록 더 복잡하고 정교한 움직임과 미세한 모터 제어가 가능해진다.

미래 로봇 시장에서는 시각 컴퓨팅도 중요해진다. 카메라 전용 반도체 수요도 증가할 수 있다는 뜻이다. 실내 로봇 기술이 가전제품, 가구 등 가정용 사물에 적용되면 이들 제품에 사용되는 칩의 호환성과 표준화 측면에서 반도체 업계에 위기가 닥칠 수 있다. 현재 판매하는 가전제품 및 장치에는 표준화되지 않은 여러 브랜드와 제조업체의 독점 칩 및 통신 프로토콜이 사용된다. 이로 인해 호환성 문제나 중앙 제어 시스템과의 통신 장애 등이 발생할 수 있다. 로봇 유형에 따라 효과적인 작동을 위해 다른 유형의 칩과 프로토콜이 필요할 수 있다. 가정용 물건에 로봇 기술의 사용이 증가하면, 저전력 및 저비용 칩의 수요도 폭증할 것이다.

무어를 넘어, 새로운 공정의 등장

반도체의 집적도를 높이면 성능도 함께 높아지므로 반도체 제조사들은 한정된 너비의 칩에 더 많은 트랜지스터를 넣는 방법을 고민해왔다. 이로써 트랜지스터는 점점 소형화되었고, 전 공정 단계에서 초미세 공정 경쟁이 치열해졌으며, 전자 장치의 성능은 폭발적으로 향상되었다. 인텔의 공동 창립자인 고든 무어는 1965년 집적회로의 트랜지스터 수가 2년마다 두 배로 증가하는 반도체 산업의 추세를 발견했다. 이것이 인텔을 포함한 반도체 제조사의 개발 목표였던 '무어의 법칙'이다.

무어의 법칙 Moore's Law

반도체 칩에 집적할 수 있는 트랜지스터의 숫자가 18개월마다 두 배씩 증가한다는 법칙이다.

인텔의 공동 창립자 고든 무어는 1965년에 반도체 칩의 용량이 1년마다 두 배씩 증가할 것이라고 예측했다. 10년 뒤인 1975년에 그는 기간을 24개월로 수정했으며, 이후 인텔의 임원 데이비드 하우스가 '18개월마다 집적도는 두 배씩 증가하고 가격은 반으로 떨어진다'고 법칙을 새롭게 정의했다. 이 법칙은 약 50년 가까이 반도체 산업의 기본 원칙이었다.

그러나 2000년대 초반부터 개발 속도가 점점 늦어지면서, 무어의 법칙이 한계에 도달했다는 의견이 제시되었다. 공정이 점점 더 미세화되면서 제조 비용이 늘어났고 원가 절감 효과도 미미해졌기 때문이다.

아직 TSMC와 삼성전자가 3나노 기술에 도전하고 있지만, 업계 전반의 분위기는 반도체 크기를 줄이는 것이 아닌 새로운 소재와 방식을 도입하는 방향으로 달라지고 있다.

이제 미세공정 발전은 한계에 부딪혔다. 반도체 제조사가 미세공정에 계속해서 도전했던 이유는 칩의 크기를 줄여 성능을 높이면서도 비용을 절감했기 때문이었지만, 반도체가 어느 정도의 수준에 도달한 뒤에는 비용 절감 효과가 미미하거나 없을 것이라는 결론에 달했다. 이후 미세공정에 천문학적인 금액을 쏟는 대신 비용 절감을 위한 새로운 방법을 강구했고, 그 결실을 패키징packaging(제조된 반도체를 기판이나 전자기기 등에 장착해 사용할 수 있도록 포장하는 과정)에서 찾아냈다. 그렇게 '어드밴스드 패키징Advanced Packaging' 공정이 시작되었다.

어드밴스드 패키징 기술은 반도체 칩의 성능과 효율성을 향상시키기 위해 다양한 칩을 하나의 패키지로 통합(포장)하는 고급 기술이다. 이 기술은 전통적 반도체 제조 방식의 한계를 극복해 더 작고 빠르게 에너지 효율적인 솔루션을 제공한다. 즉, 칩 간의 물리적 거리 감소로 신호 전송 시간은 단축되고 데이터 전송 속도는 빨라지게 된다. 신호 경로가 더 짧아지면서 에너지 소비를 줄이고 배터리 수명을 연장시켜서 에너지 효율성도 높아진다. 시스템의 복잡성과 전체 시스템 크기도 감소해 제조 비용 역시 절감된다. 물론 아직 성숙기에 들어간 기술이 아니기에 도전 과제도 많다. 예를 들어, 칩들이 밀집되면서 발생하는 열을 효과적으로 관리해야 하고, 고도의 정밀도와 첨단 제조 공정이 필요하다. 아직은 비용 절감 효과도 없다. 다양한 칩과 기술 간의 호환성과 산업 표준도 완성되지 않았다.

칩렛Chiplet 기술도 주목해볼 만한 미래 제조 공정이다. 칩렛은 하나의 칩에 다양한 기능의 여러 칩을 쌓아서 붙이는 기술이다. 특정 용도에 따라 칩렛을 조합해 반도체를 제작함으로써 반도체 활용의 유연성을 높일 수 있으며, 신제품의 출시 기한도 앞당길 수 있다. 또한 단일 칩으로 생산하는 것보다 비용도 절감된다. 이 기술은 수많은 조합 중 최적의 조합을 찾아내는 노하우에서 승부가 갈린다.

중국은 미국의 반도체 규제를 극복하기 위해 칩렛 기술에 관심을 두기 시작했다. 아직은 다양한 칩렛을 연결하는 기술과 표준화 작업이 진행 중이지만, 인텔, AMD와 같은 주요 반도체 회사들이 칩렛 기술을 채택하면서 발전이 더욱 가속화될 것으로 예상된다. 칩렛 기술에서는 메모리 집적 노하우를 가진 메모리 반도체 제조회사가 가장 유리하다. 미래에는 칩렛을 서로 붙이는 이종집적(기능과 역할이 다른 반도체를 결합하는 기술) 파운드리 회사도 등장할 것으로 예측하고 있다.

반도체 제조 공정의 트렌드가 어드밴스드 패키징이나 칩렛 기술로 바뀌면, 미래의 파운드리 분야도 기술 경쟁보다는 단순 제조에 가까워지면서 수익률이 낮아질 수 있다. 반대로 반도체를 생산하지 않고 설계의 지식재산권Intellectual Property, IP을 소유해 IP를 빌려주고 라이센스를 받아 매출을 올리는 칩리스Chipless 기업들은 힘이 커진다. 칩리스 기업은 특정 기술이나 설계에 대한 전문 지식을 확보하는 동시에 어드밴스드 패키징 공정에서 필요한 고도의 전문성을 제공할 수 있기 때문이다. 이런 방향으로 미래 주류가 형성되어 칩리스 기업의 입김이 매우 강해지는 것은 제조 공정에 강한 우리나라에 불리한 전개다.

물론 한국 반도체 기업들이 이런 변화를 모를 리 없다. 하지만 이런 미래 예측을 하루 빨리 논의해야 할 이유가 있다. 오늘날 반도체 강자 기업이나 국가에게는 오랫동안 애써 구축해놓은 경쟁 구도가 흐트러져 새로운 게임을 다시 시작해야 하는 것 그 자체가 위기다. 또한 보통 사람들은 1년 후의 미래는 과대 평가하거나 과대 추정하면서 10년 후의 미래는 과소 평가하거나 과소 추정한다. 변화를 아는 것과 그에 대응하는 것은 별개다. 중요한 것은 대응 속도, 그리고 타이밍이다. 속도가 늦고 타이밍을 놓치면, 곧바로 무너진다.

7장

인공지능이
반도체 산업을 이끈다

허물어진 기술 진입 장벽

범용 인공지능과 양자컴퓨터가 상용화되면서 모든 산업계가 놀라운 속도로 발전한다. 두 기술이 결합해 인간의 개입 없이도 새로운 기술을 개발해내자 기존의 기술 장벽은 한순간에 무너진다. 스스로 '생각하는 길'을 찾아낸 범용 인공지능은 새로운 개념을 조합해 끊임없이 상위 개념을 찾아내며 폭발적으로 성장하고 있다. 인공지능끼리 상호 학습하며 기존 인공지능 모델을 개선하고, 초소형 인공지능을 만들어 배포하기도 한다.

반도체를 설계하고 생산 공정 최적화 방법을 스스로 찾아내는 '범용 인공지능'의 출현은 시간문제다. 새로운 아이디어나 발명을 독립적으로 생성하는 인공지능의 출현은 더 이상 허황한 꿈이 아니다. 오픈AI가 성공한 Q* 알고리즘은 인간의 지적 수준을 갖춘 범용 인공지능 출현을 손에 잡히는 미래로 만들어버렸다. 이제는 인간을 훨씬 능가하는 '초인공지능'의 등장도 대비해야 한다. 적절한 시간과 컴퓨팅 파워만 제공되면 인공지능은 자력으로 반도체 설계까지도 해낼 수 있다. 인공지능이 반도체 개발 노하우의 장벽을 무너뜨릴 수 있다는 미래 신호는 이미 등장했다.

양자컴퓨터와 범용 인공지능이 결합되면, 반도체 제조 기술이나 생산 공정 수율 향상 등의 비법도 스스로 찾아낼 가능성이 크다. 양자컴퓨터가 수행하는 압도적인 양의 연산은 반도체 제조 공정의 복잡한 시뮬레이션이나 그 과정에서 발생하는 다양한 변수를 고려해 최적의 조건을 찾는 데 도움이 될 수 있다. 이후 범용 인공지능은 양자컴퓨터로 수집한 데이터를 분석하고, 양자컴퓨터와 범용 인공지능을 결합해 기존 기술을 뛰어넘는 성능의 반도체를 생산할 것이다. 강한 인공지능과 양자 컴퓨팅 기술이 누구나 반도체를 만들 수 있는 미래를 열어 반도체 산업의 진입 장벽을 허문다는 시나리오는 불가능한 미래가 아니다. 인공지능의 발전으로 반도체 기술 장벽은 사라진다.

문제는 우리나라의 양자 기술이 중국, 미국 등의 선도국과 비교해 대략 10년 정도 뒤떨어져 있다는 것이다. 지금 우리나라가 앞서고 있는 메모리 반도체 기술은 범용 인공지능과 양자컴퓨팅 기술이 상용화되면 미국과 중국에 금세 따라잡힐 수밖에 없다. 우리나라는 반도체 강국 타이틀을 지킬 수 있을까.

누구나 반도체를 만들 수 있는 미래

2023년 11월, 챗GPT를 만들었던 오픈AI에서 반란이 일어났다. 오픈AI 이사회가 최고경영자 샘 올트먼을 전격 해임한 것이다. 이들의 반란은 올트먼이 5일 만에 복귀하면서 해프닝으로 끝났지만, 이 사건으로 전 세계는 '강한 인공지능'에 관심을 갖게 되었다. 그리고 이 사건의 배후에서 일어난 일을 보며 '누구나 반도체를 만들 수 있는 미래'가 곧 올 수도 있다는 것을 직감했다.

오픈AI 이사회가 올트먼을 내쫓은 이유는 크게 두 가지였다. 첫째는 '의사소통이 일관되지 않고 솔직하지 않다'는 명분이었다. 하지만 전문가들은 두 번째 이유에 주목한다. 오픈AI가 개발 중인 범용 인공지능의 개발 속도를 두고 올트먼과 오픈AI의 공동 창립자이자 수석 과학자인 일리야 수츠케버가 벌인 갈등이다.

챗GPT의 아버지로 불리는 올트먼은 스탠퍼드대학교를 중퇴하고 에어비앤비Airbnb, 드롭박스Dropbox, 레딧Reddit, 스트라이프Stripe 등 굵직한 실리콘밸리 스타트업들의 초기 펀딩에 참여했던 천재 투자자다. 러시아 출생인 수츠케버는 유명한 딥러닝 알고리즘인 '알렉스넷AlexNet'과 AI 바둑기사 '알파고' 개발에 참여했고, 2015년 올트먼과 함께 오픈AI를 창업했다. 그는 캐나다 토론토대학교에서 AI 분야의 거장 제프리 힌튼을 사사했다. 힌튼은 통제되지 않는 인공지능의 위험성을 주장하는 대표적 학자로, 수츠케버는 그에게서 인공지능을 바라보는 관점과 철학에 큰 영향을 받았다.

수츠케버는 오픈AI에서 인공지능 개발 총책임을 맡고 있다. 그는 범용 인공지능이 급속하게 상용화되면 공공에 피해를 줄 수 있으므로 범용 인공지능의 개발과 활용도 인간이 의도한 목표나 윤리 원칙에 맞게 진행되어야 한다고 주장했다. 반면 올트먼은 개발 가속주의자로서 인공지능을 최대한 빠르게 개발해 시장을 주도해야 한다는 입장을 고수했다. GPT-4까지는 의견 대립 정도였던 두 사람은 비밀리에 개발 중이던 범용 인공지능 기술의 상업화를 두고 충돌했고, 전문가들은 이것이 올트먼의 해고로 이어졌다고 추측한 것이다.

로이터 통신은 올트먼이 해고되기 전날 아침 아시아태평양 경제협력체 CEO 서밋APEC CEO Summit에서 한 발언에 주목했다. 그는 "오픈AI 사상 네 번째로 중요한 순간이 몇 주 전 찾아왔다. 무지의 베일을 걷어내고 발견의 최전선을 앞으로 당기는 중요한 발견이었다."라고 말했다. 당시 참석자들은 이 발언의 무게감을 잘 몰랐지만, '오픈AI 이사회의 반란' 사건이 종료된 후에 그 의미가 무엇인지 밝혀졌다. 바로 '큐스타(Q*) 알고리즘'이라는 새로운 인공지능이었다.

챗GPT는 정의된 지식에 따라 사전에 훈련받은 알고리즘인

범용 인공지능 Artificial General Intelligence, AGI

사람처럼 자율적 사고가 가능한 인공지능으로, 인공지능 기술 발전의 궁극적 지향점이다. 인간에 견줄 만한 수준의 지능으로 인간의 개입 없이도 스스로 사고할 수 있을 것으로 예측된다.

자기발전을 거듭하며 사람보다 지능이 훨씬 높아질 것이라는 예측 때문에 많은 연구자가 인간이 통제할 수 없는 미래를 두려워하며 우려하고 있다. 딥러닝 개념을 처음으로 고안해낸 인공지능의 대부 제프리 힌튼 박사는 인공지능의 위험성을 계속해서 경고해왔다.

반면 큐스타 알고리즘은 인간의 생물학적 뇌에서 작동하는 고급 추론을 모방하는 훈련을 받는다. 인공지능 개발자들은 인공지능이 인간처럼 학습한 내용을 기반으로 새로운 것을 추론하고 그 내용도 실제로 이해하는 능력을 구현하려고 애썼다. 학계에서는 인공지능이 수학처럼 정답이 정해진 문제를 완벽하게 풀어내는 능력을 '인공지능이 인간의 학습 능력을 획득했다'는 근거로 삼는데, 지금껏 수학 문제를 안정적으로 해결하는 알고리즘이나 올바른 아키텍처는 개발되지 못한 상태였다. 그런데 큐스타 알고리즘이 이것을 해낸 것이다.[1]

인간을 뛰어넘는 새로운 인공지능의 등장

수츠케버는 2023년 초부터 'GPT 제로'라는 프로젝트를 시작했다. 2023년 내내 '대규모 언어 모델Large Language Models, LLM'(방대한 언어 데이터를 학습해 이를 바탕으로 인간의 언어를 이해하고 언어의 구조와 의미를 파악하는 능력을 갖춘 인공지능 모델)의 최대 약점으로 꼽힌 수학이나 과학 추론 능력의 부재를 해결할 방법을 찾는 일이었다. 수츠케버는 루카스 카이저와 이 프로젝트를 함께 진행했다. 카이저는 챗GPT의 기초가 된 〈트랜스포머 Transformer〉라는 유명한 논문의 공저자 가운데 한 명이었다. 두 사람은 2022년에 발표된 논문 〈경로 독립적 평형 모델의 시험 시간 계산 활용Path Independent Equilibrium Models Can Better Exploit Test-Time Computation〉을 출발점으로 삼았다. 이 논문 제목에서 알 수 있듯 이, 두 사람은 '경로 독립성Path Independent'이라는 개념에 초점을 맞춰서 GPT 알고리즘을 개선하려고 했다.

컴퓨터는 입력을 받아 출력을 생성한다. 이런 입출력 관계를 자동으로 모델링하는 것을 '머신러닝'이라고 부르며, 생성된 모델이 입출력하는 과정을 경로라고 한다. 이런 방식에는 문제가 하나 있다. 경로가 복잡할수록 모델은 더 많은 계산을 수행해야 한다는 점이다. LLM은 경로가 복잡하고 모델의 크기가 아주 커서 성능을 향상시키려면 더 많은 시간과 전기를 제공받아야 하고, 그만큼 운행 비용이 급상승한다. 수츠케버와 카이저는 이 문제를 해결하기 위해 경로를 가장 단순화하는 방법을 연구했다. 그 결과 경로 독립성이 높은 모델은 낮은 모델에 비해 시험 시간 계산을 약 30퍼센트까지 줄일 수 있는 것으로 나타났다.

'경로 독립성'이란 모델의 출력값이 입력에 대한 경로의 영향을 받지 않는 성질을 가리킨다. 예를 들어, 이미지 분류 모델을 생각해보자. 이미지 분류 모델은 이미지를 입력받아 어떤 물체인지 예측하는 일을 한다. 경로 독립성이 높은 모델은 이미지를 어떤 순서로 입력하든지 동일한 분류 결과를 도출한다. LLM을 개발할 때, 경로 독립성이 높은 모델로 만들면 '입력 경로를 재구성할 필요가 없어서' 경로와 관계없이 동일한 출력을 생성할 수 있다. 즉, 경로 독립성을 높이면 계산은 줄이고 모델의 성능은 향상되므로, 전기 사용량은 줄이고 배터리 수명은 늘릴 뿐 아니라 컴퓨팅 자원도 절약할 수 있다.

수츠케버와 카이저는 이런 방법을 기초로 LLM에 경로 독립성 개념을 적용하기로 했다. 이를 위해 '코드 생성'과 '수학 생성'을 포함한 팀을 꾸렸다. 그 팀의 목적은 '큐스타 알고리즘'이라는 새로운 모델을 개발하는 것이었다. 두 사람은 경로 단순화 문제를 해결하기 위해 'Q러닝'과 '에이스타(A*) 알고리즘'이라는 강화 학습 알고리즘을 적용했다. Q러닝은 강화 학습의 한 분야로, 에이전트가 환경과 상호작용하면서 보상을 얻기 위해 행동을 학습하는 방법이다. 에이스타 알고리즘은 출발 지점에서 목표 지점으로 가는 최단 경로를 발견하는 방법이다.

Q러닝은 최선의 전략을 개발하도록 돕는 강화 학습의 한 방법으로 게임, 로봇 공학, 자율주행 등 다양한 분야에서 활용되고 있다. 에이스타 알고리즘은 주어진 데이터에서 새로운 패턴을 발견하는 데 유용하다. 오픈AI는 두 기술의 장점을 결합해

경로 단순화 문제에 적용하면 더욱 강력한 LLM을 개발할 수 있을 것으로 기대했다. 결과는 놀라웠다. 큐스타는 지금까지 챗 GPT의 한계였던 특정 수학 문제 해결에 성공했고 추가 데이터 학습 없이 연산 문제 이해부터 계산까지 스스로 해결했다. 게다가 기존 데이터 세트에서 새로운 패턴을 찾아내고, 수학 문제 해결에 최선의 전략도 찾아냈다.

이것은 놀라움을 넘어 엄청난 성과다. 예를 들어보자. 우리가 잘 알고 있는 피타고라스 정리는 기원전 5세기경 피타고라스가 증명했다. 피타고라스 학파는 이를 공식적으로 증명하기 위해 기존에 널리 알려진 다양한 철학적 개념과 방법론을 조합했다. 먼저 수의 신비주의에서 하나의 개념을 가져왔다. 피타고라스 학파는 수를 만물의 근본으로 여겼다. 그들은 수의 비율과 조화가 모든 자연현상을 설명한다고 믿었다. 피타고라스 정리는 직각삼각형 세 변의 길이의 비율을 나타내는 이론이므로 피타고라스 학파는 피타고라스 정리가 자연의 조화를 나타내는 증거라고 믿었다.

다음으로 그들은 기하학의 귀납적 추론을 사용했다. 귀납적 추론은 특정한 사례를 들어 일반적인 법칙을 도출하는 방법이다. 피타고라스 학파는 직각삼각형의 변의 길이를 다르게 조정하면서 피타고라스 정리가 항상 성립한다는 사실을 발견했다.

이로써 그들은 피타고라스 정리가 모든 직각삼각형에 적용되는 일반적인 법칙이라고 결론지었다.

마지막으로 피타고라스 학파는 공리와 증명을 사용했다. 공리란 자명한 진리로 받아들여지는 명제로, 다른 명제를 증명하는 데 사용되는 원리를 말한다. 피타고라스 학파가 사용한 공리는 "두 점을 지나는 직선은 유일하다.", "두 직선이 한 점에서 만나면 그 두 직선은 한 평면에 놓여 있다.", "평면의 모든 직선은 두 점을 지나는 직선의 개념을 만족한다.", "평면의 두 직선이 평행하면 그 두 직선은 평면의 모든 점을 지나는 직선의 개념을 만족한다." 등이었다. 추론 증명은 공리로부터 새로운 명제를 도출하는 과정이다. 그들은 직각삼각형의 세 변의 길이를 공리로부터 도출한 명제들과 연결해 피타고라스 정리를 최종 증명했다.

큐스타가 기존의 LLM이 가지고 있는 데이터만을 활용해서 새로운 수학 문제를 풀었다는 것은 피타고라스처럼 '생각하는 길'을 찾았다는 의미다. 인간 철학자가 아직 알려지지 않은 비밀을 데이터와 생각의 힘으로 밝혀낸 것처럼 말이다. 이것은 인공지능이 철학과 우주에 관한 개념을 조합해 새로운 개념을 만들어낼 수 있고, 그 개념들을 매개로 더 상위 개념으로 올라가며 폭발적으로 성장할 것을 예측하게 한다. 인공지능이 사람의 언어를 자유롭게 구사하게 되면 배경 지식을 기반으로 새로운 문제를 해결하는 능력을 갖는 것은 시간문제다. 여러 영역을 넘나들며 특정 영역의 개념과 지식을 사용하고, 목적 달성을 위해 지식을 창조하는 '범용 인공지능'의 출현이 코앞으로 다가온 것이다.

GPT-5,
상상할 수 없는 초인공지능이 온다

항간에는 GPT-5 개발이 끝났고 공개 시기를 조정 중이란 소문이 돌고 있다. GPT-5의 성능은 두 가지 면에서 향상된다. 먼저 파라미터 수가 GPT-4의 10배로 커진다. '매개변수'를 뜻하는 파라미터는 인간의 시냅스synapse와 같다. 인간의 뇌에 시냅스가 많을수록 정보 처리 용량이 커지듯 파라미터의 개수가 늘어날수록 정보 처리 속도가 빨라진다. GPT-3의 파라미터가 1750억 개, GPT-4는 약 1조 개였음을 고려하면, GPT-5의 능력 수준은 이전과는 비교조차 안 될 만큼 엄청날 것이다.

큐스타의 성과에 고무된 올트먼은 회사 주식을 매각해서 본격적인 개발 자금을 마련하려 했다. GPT-5에 큐스타를 결합하려고도 한 듯하다. 결국 이 부분에서 수츠케버와 충돌했던 것이다. 수츠케버는 이 새로운 성과에 숨은 위험이 있을지 모른다고 우려해 속도를 조절하려 했다.

2019년, 미국의 스티븐 탈러 박사는 자신이 개발한 인공지능 '다버스DABUS'가 스스로 두 개의 발명품을 만들었다고 주장했다. 하나는 프랙털fractal 구조로 설계되어 레고처럼 쉽게 결합되는 식기이고, 다른 하나는 인간의 신경 동작 패턴을 모방해 주의를 끄는 램프 장치와 그 작동 방식이었다.[2] 그는 이 발명품의 특허 출원을 얻기 위해 한국, 미국, 영국 등 전 세계 16개국에 신청서를 제출했지만, 승인받지 못하고 번번이 퇴짜를 맞았다. 그러던 2021년 7월, 남아프리카공화국이 세계 최초로 인공지능 발명자를 인정하는 판결을 내렸고, 뒤이어 호주 연방법원 역시 호주 특허법을 폭넓게 해석해 인공지능을 발명자로 인정했다. 2021년 12월, 미국, 중국 등 7개국이 모인 '인공지능 발명자 국제 콘퍼런스'에서 일부 국가는 범정부 차원에서 인공지능 발명자 시대를 대비하고 있다는 데 동의했다.[3] 오픈AI와 빌 게이츠는 공식 석상에서 앞으로 10년 이내에 생성형 인공지능이 인간보다 똑똑한 초인공지능으로 진화할 것이라고 말했다. 이들의 예측이 빈말은 아닌 셈이다.

인간 없이도 학습하는
코사이언티스트

생성형 인공지능의 성능을 향상시키기 위해서는 알고리즘 개선, 정밀한 데이터 가공, 인공지능 학습 방법 개선 등이 필요하다. GPT-4는 인공지능 알고리즘의 학습 방법을 개선하기 위해 인공지능이 답을 내놓으면 인간이 적절한 피드백을 입력하는 '인간 피드백 강화 학습Reinforcement Learning from Human Feedback, RLHF'을 사용한다. 현재 생성형 인공지능의 최종 성능은 인공지능의 파라미터 수가 같더라도 강화 학습을 진행하는 인간의 능력에 따라 크게 달라진다. 그런데 이 부분에서도 새로운 전기가 마련되고 있다.

2023년 12월 14일, 오픈AI는 〈약인공지능에서 강인공지능으로의 일반화Weak-to-strong generalization〉라는 논문을 발표한다. GPT-2를 사용해 GPT-4를 감독할 수 있는지를 실험한 결과 GPT-2는 GPT-4에는 조금 못 미치는 GPT-3.5 수준의 능력치를 이끌어내는 데 성공했다. 이는 인간의 개입 없이도 약한 인공지능이 강한 인공지능의 학습을 이끌어낼 수 있는 실마리를 보여주었다.

거꾸로 거대 인공지능 모델이 사람의 도움 없이 스스로 초

소형 인공지능을 만들어 배포하는 시대도 열린다. 2023년 12월 17일, 미국 매사추세츠 공과대학교MIT와 캘리포니아대학교 여러 캠퍼스의 연구팀은 거대 인공지능 모델이 자신의 데이터세트로 스스로 소형 모델이나 앱을 창조하는 기술 개발에 성공했다고 발표했다. 이 소형 모델은 모바일 기기에 바로 탑재할 수도 있다.[4]

2023년 12월 21일, 미국 카네기멜런대학교의 게이브 고메스 교수 연구팀은 LLM을 기반으로 사전에 학습하지 않은 화학 반응을 논문에서 스스로 찾아 배우고 로봇에 연결되어 자율적으로 실험까지 할 수 있는 인공지능 '코사이언티스트Coscientist'를 개발했다고 발표했다. 이 인공지능 화학자는 효율적인 아스피린 합성 방안을 찾으라고 지시를 받으면, 인터넷에서 물질 정보, 실험 기술 자료, 물질 합성 정보 등을 조사한다. 조사가 완료되면, 위키피디아, 미국화학회 등의 전문 자료와 각종 학술 논문을 검색해 실험 코드를 작성하고 로봇에게 명령을 내린다. 미래의 실험실은 이러한 인공지능을 활용하여 쉬지 않고 연구를 수행할 수 있을 전망이다.[5]

범용 인공지능의 반도체 설계와
혁신을 만드는 알파폴드

인공지능은 이제 필요한 만큼의 시간과 전기만 제공되면 스스로 반도체 설계까지 해낼 수 있다. 인공지능이 반도체 개발 노하우의 장벽을 무너뜨릴 수 있다는 미래 신호는 이미 등장했다.

2021년 5월 18일, 구글은 컨볼루션 신경망Convolutional Neural Network, CNN, 학습 워크 로드 등의 병렬 계산에 필요한 자사의 인공지능 칩 TPU 4세대Tensor Processing Unit v4를 개발하는 데 인공지능을 사용했다고 밝혔다. 2022년 6월, 구글은 논문 〈자동화 머신러닝: 수동 엔지니어링 없는 종단간 자동 기계 학습AutoML-Zero: End-to-End AutoML without Manual Engineering〉을 발표하면서 그 노하우를 공개했다. 이 논문의 핵심은 수동 엔지니어링 과정을 최소화하거나 제거하고 자동화 기계 학습 시스템을 구현하는 것이다. AutoML-Zero는 기존의 GPU 설계 데이터를 학습해 새로운 GPU를 자동으로 설계하는 기술이다. 논문에 따르면 새로운 GPU 설계는 다음과 같은 과정을 거친다.

먼저 AutoML-Zero가 기존의 GPU 설계 데이터를 사용해 새로운 GPU의 초기 설계를 생성한다. 이 초기 설계는 랜덤으로 생성되거나 기존의 설계를 변형하는 방식이다. 초기 설계가 생성되면, AutoML-Zero는 초기 설계의 성능, 전력 효율, 제조 비용 등을 시뮬레이션으로 평가하고, 이 결과를 바탕으로 설계를 개선했다. 여기에서는 인공지능이 랜덤 변이, 유전 알고리즘, 강화 학습 등의 기법을 사용해 스스로 최적 배치법을 익히도록 유도했다. 구글의 AutoML-Zero는 이런 방식으로 개선을 반복해 최적의 GPU 설계를 자동으로 생성했다. '강화 학습 기반 설계' 능력에 최적으로 훈련된 구글의 인공지능 신경망은 인간이 수개월간 시행한 작업을 단 여섯 시간 만에 끝냈다.

구글 연구진은 AutoML-Zero가 만든 새로운 GPU 설계를 실제 제품에 적용했다. 그 결과 기존의 GPU에 비해 새로운 GPU의 성능은 25퍼센트, 전력 효율은 35퍼센트 향상되었으며, 제조 비용은 20퍼센트 절감되었다고 밝혔다. 구글의 AutoML-Zero 알고리즘은 인공지능의 신기술 개발 가능성을 보여주는 중요한 연구다.

3나노 공정을 개발하려면, 최대 1,000여 개의 개별 도구 및 장비가 필요하고 엔지니어도 더 많이 필요하다. 그래서 구글 이외에도 램리서치Lam Research를 비롯해 시놉시스Synopsys 등 반도체설계자동화Electronic Design Automation, EDA 기업들도 반도체 엔지니어링의 효율성을 높이기 위해 식각 공정, 칩 수율(생산품 대비 양품 비율)을 높일 수 있는 계측, 테스트 부문 등에서 인공지능을 빠르게 도입하고 있다. 램리서치 실험에 따르면 식각 공정에서 인공지능을 활용하면 비용을 10만 5000달러 수준에서 5만 2000달러 수준으로 절감할 수 있다. 칩 개발 과정에서 인공지능의 투입 비중이 높아질수록 개발 인력도 줄일 수 있다.[6]

이런 인공지능 알고리즘에 큐스타, LLM 모델이 결합되고, 양자컴퓨팅이나 바이오컴퓨팅 기술이 접목되는 미래를 생각해 보라. GPU 설계를 비롯한 반도체 전 영역은 물론이고 다양한 산업 분야에서 기존의 기술 장벽은 한순간에 무너질 수 있다.

인공지능이 다른 분야에서 혁신을 이끈 사례도 있다. 구글이 개발한 인공지능 '알파폴드AlphaFold'의 이야기다. 2018년 12월, 멕시코 칸쿤에서 열린 단백질 구조 예측 학술대회CASP에서 구글은 알파폴드라는 딥러닝 기반 단백질 접힘protein folding 모델을 발표했다. 알파폴드는 대회에 참가한 전 세계 98개 연구팀 가운데 가장 뛰어난 기술력을 선보였고 CASP에서 역대 최고점을 받으며 1위를 수상했다. 그리고 2020년 11월, 구글은 더욱 업그레이드 된 버전인 알파폴드2를 출전시켜 알파폴드1보다 훨씬 높은 성과를 얻었다.

아미노산 사슬로 구성된 단백질은 아미노산의 종류와 순서에 따라 고유한 3차원 구조를 갖는데, 이를 단백질 접힘이라고 부른다. 즉, 단백질 접힘 문제란 단백질의 아미노산 서열이 단백질의 3차원 구조를 어떻게 결정하는지에 대한 문제다. 단백질은 생명체의 기본 구성 요소이며, 그 구조가 단백질의 기능을 결정한다. 따라서 단백질 접힘 문제를 해결하는 것은 생명과학의 중요한 과제이자 난제다. 이 문제는 1950년대에 처음으로 제기되었다. 당시에는 단백질의 구조를 결정하는 방법이 없었기 때문에, 단백질 접힘 문제는 해결이 불가능하다고 여겼다. 그러나 1960년대에 엑스선 결정학(엑스선의 짧은 파장을 이용해서 결정의 원자 및 분자 구조를 밝혀내는 것)이 개발되면서, 단백질의 구조를 결정하는 방법이 가능해졌다. 단백질 접힘 문제를 풀면 단백질의 기능을 이해하고, 이를 조절하는 방법을 찾는 데 도움이 된다. 예를 들어, 질병을 일으키는 단백질이 무엇인지 파악하고, 이를 억제하거나 제거하는 약물을 개발할 수 있다.

하지만 단백질의 구조는 매우 복잡하고 생성 가능한 아미노산 배열은 1억 개 정도로 알려져 있기 때문에, 기존의 방법으로는 단백질 접힘 문제를 완전히 해결할 수 없었다. 구글은 이 문제를 해결하는 데 딥러닝 기술을 활용했다. 알파폴드는 현재까지 밝혀진 단백질의 아미노산 서열을 입력받아 단백질의 3차원 구조를 예측했다. 여기에는 다음과 같은 특징이 있다. 첫째, 딥러닝을 사용한다. 둘째, 초대규모 데이터를 사용한다. 구글은 알파폴드 알고리즘에 100만 개 이상의 단백질 구조와 아미노

산 서열 데이터를 학습시켰다. 셋째, 알파폴드 알고리즘은 단백
질의 접힘을 예측하기 위해 수많은 계산을 수행했다. 이를 위해
강력한 컴퓨팅 파워를 사용했다. 그 결과, 알파폴드 알고리즘은
기존의 방법보다 훨씬 높은 정확도로 단백질 접힘을 예측하고
아직 밝혀지지 않았던 단백질의 구조도 스스로 알아냈다.

인공 뇌 오가노이드,
컴퓨팅 파워의 획기적 발전

이런 모든 성과는 미래의 컴퓨터라고 불리는 양자컴퓨터나 바
이오컴퓨터의 힘을 빌리지 않고 이뤄냈다. 2022년 12월 국제학
술지 《뉴런neuron》에 '바이오컴퓨터'에 대한 논문 하나가 발표되
었다.[7] 호주의 브렛 케이건 박사를 비롯한 생명공학자들이 배
양 접시에서 뇌세포를 키워 '접시 뇌Dish Brain'를 만들고, 이를 컴
퓨터에 연결해 '퐁Pong'이라는 아케이드 게임을 5분 만에 학습
시키는 데 성공했다는 내용이었다. 기존의 인공지능이 퐁 게임
을 배우는 데 90분이 걸렸던 것과 비교하면 열여덟 배 빠른 학
습 능력이었다.

　케이건 박사 연구팀은 인간이 퐁 게임을 할 때 일어나는 정

보의 흐름(자극-입력-처리-출력-반응)을 접시 뇌에서 재현했다. 먼저 배양 접시에 전기 신호를 주고받을 수 있는 미세전극판을 깔고, 그 위에 80~100만 개의 뇌세포를 키워 접시 뇌를 만들었다. 뇌세포는 생쥐 배아에서 추출한 것과 사람의 줄기세포를 분화시켜 얻은 것을 각각 사용했다. 배양된 뇌세포들은 무작위로 연결되면서 전기 신호도 무작위로 주고받았다. 연구팀은 이런 뇌세포들을 아무런 규칙 없이 '입력 영역'과 '출력 영역'으로만 나눠 컴퓨터와 연결했다. 그리고 퐁 게임의 자극-입력-출력-반응의 흐름을 반복해서 학습시켰다. 그다음 접시뇌에 퐁 게임에서 이기는 신호를 출력한 뇌세포에 보상을 주는 되먹임 feedback 회로를 만들어줬다. 무작위로 신호를 주고받던 접시뇌는 게임을 반복하면서 목적에 필요한 뇌세포 간의 연결을 점점 강화했다.

과거의 바이오컴퓨팅 연구는 '생체분자를 이용한 컴퓨터' 개발이 목표였다. DNA 혹은 단백질 분자의 특성을 정보 처리와 저장에 이용하는 발상이었다. 하지만 케이건 박사 연구팀은 정보 처리를 위해 뇌세포를 사용하면서 바이오컴퓨터 연구의 새 길을 열었다. 인디애나대학교 블루밍턴 캠퍼스 펭 구오 교수팀도 인간의 줄기세포를 기반으로 배양한 3차원 뇌 오가노이드 brain organoid를 사용해 인공지능 기기 '브레이노웨어Brainware'를 만들었다. 이 '미니 뇌'는 간단한 수학 방정식을 푸는 데 성공했다. 현재 가장 발전한 인공 뇌인 오가노이드는 인간 대뇌 발달의 특징을 갖고 있고, 인간 뇌처럼 주름이 잡히며, 신생아 수준의 복잡성으로 신경 신호를 발화하는 수준까지 이르렀다. 2023년 2월 28일, 토머스 하퉁 존스홉킨스 블룸버그 공중보건대학 교수는 오가노이드로 만들 차세대 바이오컴퓨터를 인공지능과 구별하자는 의미로 '오가노이드 지능Organoid Intelligence, OI'으로 부르자고 제안했다.

인간의 뇌는 세계에서 가장 뛰어난 슈퍼컴퓨터와 연산 속도가 비슷하지만, 전력 소모량은 슈퍼컴퓨터의 100만 분의 1 수준이다. 예를 들어, 슈퍼컴퓨터 '프론티어Frontier'의 전력 소모량은 21메가와트인 반면 인간의 뇌는 10~20와트에 불과하다. 전문가들은 인간 뇌세포의 연결이 컴퓨터보다 훨씬 방대하기 때문에 학습에 필요한 데이터도 적고, 부피 대비 저장 용량도 크며, 전력 소모도 매우 적다고 분석한다.

인간의 뇌세포를 모방해서 만든 오가노이드 지능도 연산 속도가 빠르면서도 부피와 전력 소모가 매우 적다. 인간의 뇌는 학습할 때마다 뇌세포 전체가 새롭게 재연결되는데, 바이오컴퓨터는 이런 특성까지 모방할 수 있다. 현재 OI는 미국 국립과학재단NSF을 비롯해서 전 세계 80개 이상의 그룹이 연구를 진행 중이다. 접시 뇌 연구를 이끌었던 케이건 박사는 5년 후면 OI가 신약 성능 예측에 사용될 것이라고 전망했다.

손에 잡히는 미래,
양자컴퓨터

양자컴퓨터는 바이오컴퓨터보다 상용화가 빠를 것으로 예측된다. 양자컴퓨터란 양자역학의 원리를 사용해 정보를 처리하는 컴퓨터로, 현존하는 세계 최고의 슈퍼컴퓨터다. 양자컴퓨터를 사용하면 100만 년 이상 걸리는 연산을 평균 열 시간, 빠르면 1초 만에 처리할 수 있다. 기존의 컴퓨터는 0과 1의 두 가지 값을 사용해 정보를 저장하고 처리하지만, 양자컴퓨터는 양자역학적 현상을 활용해 기존 컴퓨터보다 빠른 속도로 복잡한 문제를 해결한다.

양자컴퓨터가 사용하는 양자역학적 현상은 세 가지다. 첫째, 중첩superposition이다. 양자 시스템은 0과 1 두 가지 상태를 동시에 가짐으로써 한 번에 여러 개의 문제를 해결할 수 있는 잠재력이 생긴다. 둘째, 얽힘entanglement이다. 두 개 이상의 양자 시스템이 서로 얽혀 있으면, 한 시스템의 상태가 다른 시스템의 상태에 영향을 미쳐 병렬 처리가 효율적으로 수행된다. 셋째, 간섭interference이다. 두 개의 파동이 서로 간섭하면, 파동의 세기가 증폭되거나 약화되어 복잡한 문제를 효율적으로 해결할 수 있게 된다. 이 세 가지 특징은 모두 인공지능 발전과 직접 연결된다.

최근에는 큐비트qubit(양자 정보 시스템에서 사용되는 최소 정보 단위) 수의 발전 속도에도 가속이 붙으면서 100큐비트 이상의 양자컴퓨터도 개발되었다. 현재 양자컴퓨터는 주로 초전도체,

양자컴퓨터Quantum computer

양자역학의 원리에 따라 작동되는 미래형 첨단 컴퓨터로 일반 컴퓨터보다 문제 해결 능력이 빠르다. 일반 컴퓨터는 비트라는 정보 단위를 사용하는 반면 양자컴퓨터는 큐비트라는 정보 단위를 사용한다. 0과 1을 동시에 가질 수 있어 여러 계산을 한 번에 처리해 모든 결과를 내놓고 그중에 최적의 답을 결정한다.

양자컴퓨터는 인공지능 개발 속도에 날개를 달아줄 것으로 예상된다. 일반 컴퓨터에서는 불가능한 수천억 개의 데이터값을 입력할 수 있어 기존에 불가능했던 모의실험이 가능해지기 때문이다. 양자컴퓨터는 정보사회의 패러다임을 바꿀 기술로 여겨지며 여러 국가에서 정부 주도하에 관련 기술을 연구 중이다. 실제로 양자컴퓨터가 상용화되면 지금으로서는 상상할 수 없는 미래가 도래할 것으로 기대된다.

이온트랩, 광자 등 세 가지 소재를 사용해 개발되는데, 각 소재 모두 속도를 높이는 데는 한계가 있다. 큐비트 숫자를 늘리는 신소재나 기술이 추가로 발견되면, 발전 속도는 기하급수적으로 빨라질 것이다.

큐비트 수는 양자컴퓨터의 성능을 결정하는 중요한 요소다. 큐비트 수가 많을수록 양자컴퓨터는 더 복잡한 문제를 해결할 수 있다. 2019년, 구글은 144큐비트 양자컴퓨터인 '시카모어 Sycamore'를 공개했다. 시카모어는 양자 우월성quantum supremacy(기존의 슈퍼컴퓨터가 막대한 시간을 들여 해결하는 문제를 양자컴퓨터가 단시간에 해결하며 문제 해결 성능을 능가하는 것)을 달성한 미국 최초의 시스템으로, 슈퍼컴퓨터가 해결에 10만 년을 예측한 문제를 3분 만에 푸는 데 성공했다. 2021년, IBM은 127큐비트 양자컴퓨터인 '이글Eagle'을 공개했는데 100큐비트 이상의 양자컴퓨터 중에서 가장 먼저 공개된 시스템이다.[8] 참고로 미국 기업 IBM은 2025년까지 4,185큐비트 이상의 양자컴퓨터를 개발할 계획이다.[9]

강한 인공지능과 양자컴퓨터의 결합이
반도체 기술 장벽을 무너뜨린다

현재 반도체 기술을 습득하려면, 상위 국가에서 기술을 이전받거나 인재를 확보하거나, 그것도 아니라면 훔쳐야 한다. 2023년 12월 15일, 전직 삼성전자 간부 두 명이 첨단 반도체 기술을 중국 회사에 넘긴 혐의로 구속영장 심사를 받았다. 검찰에 따르면, 이들은 8년 전에 중국 회사로 이직하면서 18나노급 D램 반도체 설계 관련 기술을 빼돌린 것을 시작으로 최근에는 삼성전자 반도체 공정의 핵심인 '증착 기술'까지 유출한 혐의를 받고 있다.

증착 기술은 웨이퍼 표면에 1마이크로미터 두께의 얇은 막을 입혀 전기적 특성을 갖도록 하는 기술로 반도체 소형화 수준을 가르는 핵심이다. 이런 기술은 수천 명의 박사가 수십 년간 쌓아온 노하우로 최대 수조 원대의 가치를 가진다.[10] 하지만 미래에는 경쟁국에서 기술을 훔칠 필요가 없다. 범용 인공지능과 양자컴퓨팅 기술만 확보하면 반도체 설계부터 제조 공정까지 쉽게 시작할 수 있기 때문이다. 반도체의 높은 장벽이 무너지는 뜻밖의 상황이 도래하는 미래다.

과학자들은 양자컴퓨터가 DNA 서열 결정, 단백질 엉킴 등 계산 총량이 기하급수적으로 늘어난 영역에서 탁월한 성과를 낼 것이라고 기대한다. 한마디로 다양한 기술 발전의 게임 체인저다. 양자컴퓨터와 범용 인공지능이 결합되면, 반도체 제조 기술이나 생산 공정 수율 향상 등을 위한 비법도 스스로 찾아낼 것이다. 양자컴퓨터의 압도적이고 효율적인 연산 수행 능력은 반도체 제조 공정의 복잡한 시뮬레이션을 수행하거나 변수를 뚫고 최적의 조건을 찾는 데 도움이 될 수 있다.

예를 들어, 양자컴퓨터를 사용해 반도체 제조 공정의 모든 단계를 정확하게 시뮬레이션할 수 있다. 이를 통해 제조 공정에서 발생하는 다양한 변수를 분석하고, 최적의 공정 조건을 찾는다. 그다음으로 범용 인공지능을 사용해 생산 공정에서 수집된 데이터를 분석한다. 이를 바탕으로 생산 공정에서 발생하는 문제점을 파악하고, 해결책을 찾는다. 마지막으로 양자컴퓨터와 범용 인공지능을 결합해 새로운 반도체 제조 기술을 개발한다. 이런 방식을 따라가면, 기존의 제조 비법을 찾아내는 것은 물론이고 이를 뛰어넘는 성능의 반도체도 생산할 수 있다. 이처럼 인공지능이 반도체 설계뿐 아니라 제조 공정 파라미터 조절 기술까지 스스로 획득하면 반도체 제조 공정의 노하우 장벽은 사라지고 능력은 보편화될 것이다.

2023년 6월 27일, 김재수 한국 과학기술정보연구원KISTI 원장은 양자 기술Quantum Technology로 반도체칩의 '소형화 한계'를 극복할 수 있다고 발표했다. 무어의 법칙은 2000년을 지나면서, 점점 적용되지 않고 있다. 집적 기술의 한계 때문은 아니다. 같은 면적에서 트랜지스터 개수를 늘릴수록, 전기 사용이 늘어나 열이 증가하고, 반도체 간 상호 간섭으로 누설 전류량이 증가하기 때문이다. 김재수 원장은 양자 기술이 이런 문제를 해결할 열쇠라고 주장했다. 더불어 양자컴퓨터를 사용하면 이전에 불가능했던 방식으로 데이터를 처리·분석할 수 있어 반도체 구조 최적화 계산과 신소재 등을 발굴해 실리콘 반도체의 한계를 극복하는 길을 열 수 있다고 강조했다.[11]

중국 최상위 인공지능과
양자컴퓨터 기술

중국의 인공지능 기술은 세계 최고 수준으로 평가받고 있다. 2016년 딥마인드의 알파고가 바둑에서 이세돌을 이긴 이후, 중국은 인공지능 기술에 막대한 투자금을 쏟았다. 그 결과, 인공지능 분야에서 다양한 성과를 거두고 있다. 현재 중국의 인공지능 기술은 자연어 처리, 컴퓨터 비전, 로봇 공학 등 여러 분야에서 세계를 선도한다. 이런 추세라면, 중국은 머지않은 미래에 범용 인공지능 분야에서도 세계 선도국으로 자리매김할 수 있다.

중국은 양자컴퓨팅 분야에서도 앞서고 있다. 중국 정부는 양자 기술을 국가 보안 기술에 포함시키고 미국보다 7~8배 많은 자금을 투자하고 있다. 그 결과, 2020년에 슈퍼컴퓨터가 6억 년 걸리는 연산을 3분 만에 할 수 있는 양자컴퓨터인 '지우장九章'을 개발해 세계 최초로 양자 우월성을 달성했다. 이후 중국은 양자컴퓨팅 기술에 막대한 비용을 투자하면서 발전을 가속화하고 있다. 중국은 양자 기술 분야 논문 비중에서도 20.5퍼센트로 세계 최고의 위치를 차지한다. 참고로 미국 15.2퍼센트, 독일 6.8퍼센트, 일본 4.4퍼센트, 한국 2.1퍼센트로 집계된다.[12]

한국은 시스템 반도체 분야에서는 이미 중국에 뒤처지고 있다. 중국의 시스템 반도체 분야 연구 인력은 한국의 20배가 넘는다.[13] 시장 점유율도 한국은 10퍼센트 미만으로, 중국(15퍼센트)에 뒤처진다. 다행히 메모리 반도체 분야에서는 중국과 격차를 5년 정도 벌리고 있다. 한국은 D램과 낸드플래시 시장에서 각각 77퍼센트, 58퍼센트의 점유율을 차지하고 있으며(2023년 4분기 기준), 파운드리 분야에서는 한국의 삼성전자가 세계 2위를 기록 중이다. 반면 중국의 SMIC는 2023년 기준 세계 5위 파운드리 업체로, 10나노미터 이하 공정 기술에 머문다.

하지만 앞으로 5~10년 이내에 범용 인공지능과 양자컴퓨터의 상용화가 가능해지면 상황은 뒤바뀔 것이다. 2023년 기준, 한국의 양자 기술은 선도국과 대략 7년 격차를 보인다.[14] 만약 중국에 대한 반도체 제재가 풀리면, 인공지능과 양자컴퓨터 기술 모두 최상위에 있는 중국은 순식간에 한국의 메모리 반도체, 파운드리 분야의 5년 격차를 뛰어넘을 수 있다.

반도체 수율을 예로 들어보자. 반도체 수율을 결정짓는 요소는 크게 공정 기술, 소재 품질, 장비 성능, 제조 공정 관리 등 네 가지로 나뉜다. 공정 기술은 반도체 제조 공정의 복잡성과 난이도를 결정하는 가장 중요한 요소다. 공정 기술이 발전할수록 반도체의 크기가 작아지고, 트랜지스터의 밀도가 높아지며, 성능이 향상된다. 그러나 공정 기술이 발전하면 제조 공정은 더욱 복잡해지고, 오류가 발생할 가능성도 더 높아진다. 범용 인공지능과 양자컴퓨팅 기술은 이 문제를 쉽게 해결할 수 있다. 범용 인공지능이 제조 공정의 모든 과정을 모니터링하고, 데이터를 분석해 이상 징후를 탐지할 수 있기 때문이다. 양자컴퓨팅은 반도체 제조 공정의 최적화 문제를 빠르고 정확하게 해결할 것이다.

소재 품질은 반도체의 전기적·물리적 특성을 결정하는 핵심이다. 소재 품질이 좋을수록 반도체의 성능과 수율은 향상된다.

그러나 이를 위해서는 고순도의 원재료를 사용하고, 제조 공정을 엄격하게 관리해야 한다. 이것은 범용 인공지능과 양자컴퓨팅 기술만으로 극복하기 어려운 요소다. 하지만 한국보다 자원이 풍부한 중국에는 문제가 되지 않는다. 장비 성능은 반도체 제조 공정의 효율성과 정밀도를 결정한다. 이 부분 또한 대중국 반도체 제재가 해제되면 순식간에 해결될 것이다. 막대한 자본력을 앞세워서 고가의 장비를 도입하면 그만이다.

마지막으로 제조 공정 관리에는 매뉴얼의 작성과 준수, 데이터의 수집과 분석, 모니터링 등도 포함된다. 제조 공정 관리가 잘 이루어질수록 오류 발생의 가능성이 줄고, 수율을 향상시킬 수 있다. 범용 인공지능과 양자컴퓨팅 기술을 사용하면, 반도체 제조 공정의 모든 과정을 체계적으로 관리하기가 더 수월해진다. 범용 인공지능과 양자컴퓨팅 기술은 이 문제도 쉽게 해결한다. 범용 인공지능은 공정 데이터를 분석해 공정상의 문제를 예측한 뒤 예방 조치를 취할 수 있고, 양자컴퓨팅은 공정상의 문제를 빠르고 정확하게 진단하고 해결할 수 있다. 강한 인공지능과 양자컴퓨팅 기술이 누구나 반도체를 만들 수 있는 미래를 열어 반도체 산업의 진입 장벽을 허문다는 시나리오는 불가능한 미래가 아니다.

참고 문헌

프롤로그

1 대니얼 카너먼,《생각에 관한 생각》, 김영사, 2018.

1장

1 강계만, "이스라엘·하마스 전쟁… 중동 화약고 터졌다",《매일경제》, 2023년 10월 8일자.

2 Mark Jones, "Trump says Hamas attacks wouldn't happen if I were president", *NEWS REBEAT*, October 9, 2023.

3 Jarrett Renshaw, "RFK Jr. declares independent 2024 presidential run, raises millions more", *REUTERS*, October 10, 2023.

4 Steven Shepard, "RFK Jr. goes independent. Does that hurt Biden or Trump?", *Politico*, October 9, 2023.

5 안상우, "미 여론조사서 트럼프, 양자 대결서 바이든에 5%p 앞서", SBS, 2023년 10월 22일자.

6 김수현, "트럼프 지지율 44%… 41% 바이든에 첫 오차범위 밖 우세",《동아일보》, 2023년 6월 29일자.

7 https://projects.fivethirtyeight.com/polls/favorability/donald-trump/

8 Gary Langer, "Trump edges out Biden 51-42 in head-to-head matchup: POLL, ABC NEWS, September 24, 2023.

9 박성우, ""탄핵", "IRA 폐지"… 美 대선 리스크에 숨죽이는 K배터리",《조선비즈》, 2023년 9월 14일자.

10 Semiconductor Industry Association, 〈2020 State of the U.S. Semiconductor Industry〉, 2021.

11 곽도영, "美 동맹공조 압박, 中은 맞제재 공세… 중간에 긴 韓반도체 난감",《동아일보》, 2023년 5월 23일자.

12 최승진, "삼성 파운드리, 2분기 점유율 TSMC와 격차 좁혀",《매일경제》, 2023년 9월 6일자.

13 정종훈, "반도체 강국 한국, 비메모리는 꼴찌…"국가 차원 전략을"",《중앙일보》, 2023년 9월 4일자.

14 김영민, "도대체 저건 뭐냐, 헬기서 삼성 반도체 공장 본 트럼프",《중앙일보》, 2019년 7월 1일자.

2장

1 최윤식,《2050 미중 패권전쟁과 세계경제 시나리오》, 김영사, 2023.

2 유상철, "국가주석 임기 없앤 시진핑 최소 2035년까지 집권 생각",《중앙일보》, 2018년 3월 9일자.

3 조영남,《톈안먼 사건》, 민음사, 2016.; 조영남,《중국의 꿈》, 민음사, 2013.

4 조영남,《파벌과 투쟁》, 민음사, 2016.

5 조영남,《중국의 꿈》, 민음사, 2013.; 조영남,《개혁과 개방》, 민음사, 2016.

6 손일선, "칼춤추는 시진핑… 뇌물혐의 평계로 고위직 41명 숙청 예고",《매일경제》, 2023년 11월 15일자.

7 최유식, "열심히 할수록 나라 망쳤다…시진핑의 '숭정제 트라우마'",《조선일보》, 2023년 10월 29일자.

8 곽이현, "전운이 고조되는 대만해협…과연 중국은 대만을 공격할 것인가?",《매일경제》, 2022년 9월 15일자.

9 조영신, "中, 대만 무력 통일 작전시 타이완섬 북쪽과 남쪽에 상륙",《아시아경제》, 2022년 5월 13일자.

10 이은택, "핵어뢰 '포세이돈' 장착한 러 잠수함 사라져…나토, '만일의 사태' 경고",《동아일보》, 2022년 10월 14일자.

11 Série de Florian Dedio, Michaela McMahon, Marie Perrin et al.(director), Navires De Guerre Episode 4 "Nouvelles Menaces", Allemagne, 2020.

12 김승현, "中 해군력, 양적으로 美 제쳐…질적으론 아직",《중앙일보》, 2021년 3월 6일자.

13 박수찬, "'탄도미사일로 대만 공항 무력화' 中 군사잡지, 3단계 시나리오.",《조선일보》, 2021년 7월 30일자.

14 이장훈, "中 보복에 대만 위안둥그룹 '휘청'",《주간동아》, 2021년 12월 21일자.

15 Welch, J., Leonard, J. et al., "Xi, Biden and the $10 Trillion Cost of War Over Taiwan", *Bloomberg*, January 9, 2024.

16 신윤재, "중국발 '최악의 상황' 온다?…지금 '이곳'에 주목해야하는 이유",《매일경제》, 2021년 10월 30일자.

17 김민정, "북 "핵 절대 포기 않겠다" 핵무력 법제화…"지휘부 공격 땐 자동 핵타격"", SBS, 2022년 9월 9일자.

18 김회승, "'공급망 안정품목' 185개 지정… 특정국 의존도 50% 밑 목표".《한겨레》, 2023년 12월 13일자.

3장

1 홍태경 외, Prediction of ground motion and dynamic stress change in Baekdusan (Changbaishan) volcano caused by a North Korean nuclear explosion, *Scientific Reports*, 2016.

2 https://mountpinatubo.net/

3 부산대학교 산학협력단,〈화산재해 피해 예측 기술 개발〉, 국민안전처, 2015.

4 유시생, 이영근, 최진도,〈일본의 화산재에 의한 산업분야 대응 정책동향〉,《방재저널》 제55호, 2014.

5 박재은, 김혜원,〈백두산 화산폭발 시나리오 개발 및 상황별 대응과제 도출〉,《한국방재학회 논문집》 15권4호, 2015.

4장

1 강국진, "[美 디폴트 위기 직면] '트리핀의 딜레마' 다시 주목", 서울신문, 2011년 5월 18일자.

2 Anthony Zurcher, "How Norway outstrips US on Ukraine spending", BBC News, September 21, 2023.

3 Stephen Daggett, "Costs of Major US Wars Congressional Research Service Report for Congress (RS22926)", *Naval History and Heritage Command*, July 24, 2008.

4 조철희, "美 바이든 정부, 사우디 정책에 다중적 딜레마 빠져", 《머니투데이》, 2022년 7월 4일자.

5장

1 인현우, "이스라엘 즉시 지상군 투입 못한 이유…까다로운 '시가전'", 《아시아경제》, 2023년 10월 29일자.

2 권해영, "美 수출규제에, 中 반도체 장비 사재기…네덜란드 수입 96% 늘어", 《아시아경제》, 2023년 11월 15일자.

3 박순찬, "日, 공급망 흔들 수 있는 기업 국유화…반도체 패권 노려", 《조선일보》, 2023년 6월 26일자.

4 곽도영, "반도체 '2나노 전쟁'… 삼성-TSMC 생존게임", 《동아일보》, 2023년 6월 29일자.

5 김인오, "반도체 기업 앞세워…바이든, 베트남 구애", 《매일경제》, 2023년 9월 10일자.

6장

1 윤다빈, "AI 전문가 모시기 전쟁… 넷플릭스 "연봉 12억원"", 《동아일보》, 2023년 8월 18일자.

2 김국배, "초거대 AI 시장 뺏기면, 700조 클라우드 · AI반도체도 위협", 《이데일리》, 2023년 5월 24일자.

3 김달훈, "1분기 클라우드 시장 20% 성장… 빅3가 65% 점유", 《CIO》, 2023년 5월 8
일자.

4 https://news.samsung.com/kr/삼성전자-6g-주파수-논의-선도

5 Neil Savage, "Mixing semiconductors could lead to 6G wireless devices", C&EN,
May 18, 2022.

6 Research and Markets, "Outlook on the 6G Communications Materials and
Components Global Market to 2043", *GlobeNewswire*, July 5, 2022.

7장

1 이종림, "오픈AI, 인간 추론 능력 지닌 'Q*' 알고리즘' AI 극비 개발 추진", 《주간동
아》, 2023년 12월 14일자.

2 박성필, "인간이 발명한 인공지능(AI) 발명가", 《이코노미조선》, 2021년 11월 22일
자.

3 이준기, "곧 AI가 스스로 발명… 미리 법·제도 준비해야", 《디지털타임즈》, 2023년 3
월 23일자.

4 Polly Thompson, "Large AI models can now create smaller AI tools without
humans and train them like a 'big brother,' scientists say", *Business Insider*,
December 17, 2023.

5 황규락, "無人 연구실이 현실로… AI가 스스로 논문 찾고 실험까지", 《조선일보》,
2023년 12월 22일자.

6 황민규, "반도체 개발 과정서 인간·AI 영역 구분된다… 생산성 높이기 총력전",
《조선비즈》, 2023년 7월 16일자.

7 이창욱, "뇌세포로 만든 '바이오컴퓨터'가 게임도 했다", 《동아사이언스》, 2023년 6
월 17일자.

8 조승한, "슈퍼컴 성능 한층 다가선 양자컴퓨터…IBM 새 127큐비트 프로세서 공개
의미", 《동아사이언스》, 2021년 11월 19일자.

9 나현준, "암 정복서 기후예측까지… 게임체인저 '양자컴퓨터'", 《매일경제》, 2023년
5월 14일자.

10 한성희, "삼성 반도체 기술 중국에…'1급 기밀 '증착'까지'", SBS, 2023년 12월 14일자.

11 김인한, "반도체 칩 '소형화 한계' 해법은?…'양자기술로 퀀텀점프 가능'",《머니투데이》, 2023년 4월 27일자.

12 유형정,〈양자정보기술〉,《KISTEP 브리프》21호, 2022.

13 고광본, "中 시스템반도체 韓 추월…R&D인력 20배 많아",《서울경제》, 2023년 4월 7일자.

14 이병철, "기초과학 성과가 10년 만에 산업 되는 시대… 꾸준한 연구가 경쟁력",《사이언스조선》, 2023년 7월 11일자.

K반도체 쇼크, 이미 시작된 미래

반도체 최악의 위기에 대응하는 7가지 시나리오

초판 1쇄 2024년 4월 3일
초판 2쇄 2024년 4월 8일

지은이 | 최윤식

발행인 | 문태진
본부장 | 서금선
책임편집 | 원지연 편집 2팀 | 임은선

기획편집팀 | 한성수 임선아 허문선 최지인 이준환 송은하 송현경 이은지 유진영 장서원
마케팅팀 | 김동준 이재성 박병국 문무현 김윤희 김은지 이지현 조용환 전지혜
디자인팀 | 김현철 손성규   저작권팀 | 정선주
경영지원팀 | 노강희 윤현성 정헌준 조샘 이지연 조희연 김기현
강연팀 | 장진항 조은빛 신유리 김수연

펴낸곳 | ㈜인플루엔셜
출판신고 | 2012년 5월 18일 제300-2012-1043호
주소 | (06619) 서울특별시 서초구 서초대로 398 BnK 디지털타워 11층
전화 | 02)720-1034(기획편집) 02)720-1024(마케팅) 02)720-1042(강연섭외)
팩스 | 02)720-1043 전자우편 | books@influential.co.kr
홈페이지 | www.influential.co.kr

ISBN 979-11-6834-183-8 (03320)